江南网船会

总主编 金兴盛

浙江省非物质文化遗产代表作丛书

浙江摄影出版社

袁 瑾 陈宏伟 编著

浙江省非物质文化遗产
代表作丛书编委会

总 序

中共浙江省委书记
省人大常委会主任 夏宝龙

非物质文化遗产是人类历史文明的宝贵记忆，是民族精神文化的显著标识，也是人民群众非凡创造力的重要结晶。保护和传承好非物质文化遗产，对于建设中华民族共同的精神家园、继承和弘扬中华民族优秀传统文化、实现人类文明延续具有重要意义。

浙江作为华夏文明发祥地之一，人杰地灵，人文荟萃，创造了悠久璀璨的历史文化，既有珍贵的物质文化遗产，也有同样值得珍视的非物质文化遗产。她们博大精深，丰富多彩，形式多样，蔚为壮观，千百年来薪火相传，生生不息。这些非物质文化遗产是浙江源远流长的优秀历史文化的积淀，是浙江人民引以自豪的宝贵文化财富，彰显了浙江地域文化、精神内涵和道德传统，在中华优秀历史文明中熠熠生辉。

人民创造非物质文化遗产，非物质文化遗产属于人民。为传承我们的文化血脉，维护共有的精神家园，造福子孙后代，我们有责任进一步保护好、传承好、弘扬好非物质文化遗产。这不仅是一种文化自觉，是对人民文化创造者的尊重，更是我们必须担当和完成好的历史使命。对我省列入国家级非物质文化遗产保护名录的项目一项一册，编纂"浙江省非物质文化遗产代表作丛书"，就是履行保护传承使命的具体实践，功在当代，惠及后世，有利于群众了解过去，以史为鉴，对优秀传统文化更加自珍、自爱、自觉；有利于我们面向未来，砥砺勇气，以自强不息的精神，加快富民强省的步伐。

党的十七届六中全会指出，要建设优秀传统文化传承体系，维护民族文化基本元素，抓好非物质文化遗产保护传承，共同弘扬中华优秀传统文化，建设中华民族共有的精神家园。这为非物质文化遗产保护工作指明了方向。我们要按照"保护为主、抢救第一、合理利用、传承发展"的方针，继续推动浙江非物质文化遗产保护事业，与社会各方共同努力，传承好、弘扬好我省非物质文化遗产，为增强浙江文化软实力、推动浙江文化大发展大繁荣作出贡献！

（本序是夏宝龙同志任浙江省人民政府省长时所作）

前　言

浙江省文化厅厅长　金兴盛

　　要了解一方水土的过去和现在，了解一方水土的内涵和特色，就要去了解、体验和感受它的非物质文化遗产。阅读当地的非物质文化遗产，有如翻开这方水土的历史长卷，步入这方水土的文化长廊，领略这方水土厚重的文化积淀，感受这方水土独特的文化魅力。

　　在绵延成千上万年的历史长河中，浙江人民创造出了具有鲜明地方特色和深厚人文积淀的地域文化，造就了丰富多彩、形式多样、斑斓多姿的非物质文化遗产。

　　在国务院公布的四批国家级非物质文化遗产名录中，浙江省入选项目共计217项。这些国家级非物质文化遗产项目，凝聚着劳动人民的聪明才智，寄托着劳动人民的情感追求，体现了劳动人民在长期生产生活实践中的文化创造，堪称浙江传统文化的结晶，中华文化的瑰宝。

　　在新入选国家级非物质文化遗产名录的项目中，每一项都有着重要的历史、文化、科学价值，有着典型性、代表性：

　　德清防风传说、临安钱王传说、杭州苏东坡传说、绍兴王羲之传说等民间文学，演绎了中华民族对于人世间真善美的理想和追求，流传广远，动人心魄，具有永恒的价值和魅力。

泰顺畲族民歌、象山渔民号子、平阳东岳观道教音乐等传统音乐，永康鼓词、象山唱新闻、杭州市苏州弹词、平阳县温州鼓词等曲艺，乡情乡音，经久难衰，散发着浓郁的故土芬芳。

泰顺碇步龙、开化香火草龙、玉环坎门花龙、瑞安藤牌舞等传统舞蹈，五常十八般武艺、缙云迎罗汉、嘉兴南湖掼牛、桐乡高杆船技等传统体育与杂技，欢腾喧闹，风貌独特，焕发着民间文化的活力和光彩。

永康醒感戏、淳安三角戏、泰顺提线木偶戏等传统戏剧，见证了浙江传统戏剧源远流长，推陈出新，缤纷优美，摇曳多姿。

越窑青瓷烧制技艺、嘉兴五芳斋粽子制作技艺、杭州雕版印刷技艺、湖州南浔辑里湖丝手工制作技艺等传统技艺，嘉兴灶头画、宁波金银彩绣、宁波泥金彩漆等传统美术，传承有序，技艺精湛，尽显浙江"百工之乡"的聪明才智，是享誉海内外的文化名片。

杭州朱养心传统膏药制作技艺、富阳张氏骨伤疗法、台州章氏骨伤疗法等传统医药，悬壶济世，利泽生民。

缙云轩辕祭典、衢州南孔祭典、遂昌班春劝农、永康方岩庙会、蒋村龙舟胜会、江南网船会等民俗，彰显民族精神，延续华夏之魂。

我省入选国家级非物质文化遗产名录项目，获得"四连冠"。这不仅是我省的荣誉，更是对我省未来非遗保护工作的一种鞭策，意味着今后我省的非遗保护任务更加繁重艰巨。

重申报更要重保护。我省实施国遗项目"八个一"保护措施，探索落地保护方式，同时加大非遗薪传力度，扩大传播途径。编撰浙江非遗代表作丛书，是其中一项重要措施。省文化厅、省财政厅决定将我省列入国家级非物质文化遗产名录的项目，一项一册编纂成书，系列出版，持续不断地推出。

这套丛书定位为普及性读物，着重反映非物质文化遗产项目的历史渊源、表现形式、代表人物、典型作品、文化价值、艺术特征和民俗风情等，发掘非遗项目的文化内涵，彰显非遗的魅力与特色。这套丛书，力求以图文并茂、通俗易懂、深入浅出的方式，把"非遗故事"讲述得再精彩些、生动些、浅显些，让读者朋友阅读更愉悦些、理解更通透些、记忆更深刻些。这套丛书，反映了浙江现有国家级非遗项目的全貌，也为浙江文化宝库增添了独特的财富。

在中华五千年的文明史上，传统文化就像一位永不疲倦的精神纤夫，牵引着历史航船破浪前行。非物质文化遗产中的某些文化因子，在今天或许已经成了明日黄花，但必定有许多文化因子具有着超越时空的生命力，直到今天仍然是我们推进历史发展的精神动力。

　　省委夏宝龙书记为本丛书撰写"总序"，序文的字里行间浸透着对祖国历史的珍惜，强烈的历史感和拳拳之心。他指出："我们有责任进一步保护好、传承好、弘扬好非物质文化遗产。这不仅是一种文化自觉，是对人民文化创造者的尊重，更是我们必须担当和完成好的历史使命。"言之切切的强调语气跃然纸上，见出作者对这一论断的格外执着。

　　非遗是活态传承的文化，我们不仅要从浙江优秀的传统文化中汲取营养，更在于对传统文化富于创意的弘扬。

　　非遗是生活的文化，我们不仅要保护好非物质文化表现形式，更重要的是推进非物质文化遗产融入愈加斑斓的今天，融入高歌猛进的时代。

　　这套丛书的叙述和阐释只是读者达到彼岸的桥梁，而它们本身并不是彼岸。我们希望更多的读者通过读书，亲近非遗，了解非遗，体验非遗，感受非遗，共享非遗。

2015年12月20日

目录

网船会又称"刘王庙会",是嘉兴本地乃至江、浙、沪渔民、船民和农民为纪念刘王而自发形成的集会。集会以莲泗荡刘王庙为中心,旧时,各地民众驾船赴会,船只众多、规模盛大、颇具特色。

刘王庙地处毗邻江苏省的嘉兴市秀洲区王江泾镇民主村莲泗荡,始建于明代。清雍正二年(1724年),敕命祭祀刘承忠。清同治年间,加封刘承忠为"普佑上天王",始称刘王庙。据清宣统《闻川志稿》卷二载,"刘王庙在连四荡东北滨,《礼部则例》:神姓刘名承宗,元时官指挥,为民驱蝗,元亡自沉于河,世称刘猛将军,《大清会典》、《通礼》皆同"。此庙毁于"文化大革命",现存的刘王庙是1986年在原庙址上重建的。

关于刘王的身份来历,说法不一。有的说是南宋抗金名将刘锜或刘锜的弟弟刘锐。有的说是南宋刘宰,"俗传死而为神,职掌蝗螟,呼为猛将"。在莲泗荡一带,较为普遍的说法是刘王原名刘承忠，元朝人，是灭蝗英雄。当地流传元朝末年，江、浙一带蝗虫泛滥成灾，朝廷张榜招贤，官属江淮指挥的将军刘承忠揭榜自荐，率兵赶赴灾区，与百姓一起夜以继日扑灭蝗虫。后因劳累过度，不幸溺死于莲泗荡中。百姓对其感恩戴德，为其塑像，尊称他为"刘王爷"。民间流传有《刘王宝忏》，其中唱道："蝗虫形，长三寸，犹如麻雀一般能，茭芦苗叶都吃尽，百般树木尽凋零，蝗虫飞，到青云，好像乌鸦一般能，世上万物都吃尽，老人头上拔发根……"蝗灾对当地民众的生活造成的巨大灾害可见一斑。正因为如此，人们对于舍身抗蝗的刘王其人充满了感激与缅怀，并建庙以示纪念。刘猛将军庙分布甚广，江苏《苏州府志》、山东《昌邑志》等都有记载。嘉兴刘王庙网船会作为水上庙会，独树一帜，规模宏大，特别为人们所瞩目。

　　清末民国初年，网船会十分兴盛。每年清明和农历八月十四刘王诞生日,江浙沪一带的船队汇集莲泗荡一带水域,绵延长达十多里。其中以丝网船数量最多,但也不局限于此,各地的商船、烧香船、丝网船、连家船、驳船、脚划船、轮船以及船头雕着鱼眼珠的海渔船,令人目不暇接。清光绪年间的《点石斋画报》有一幅直接反映网船会的图画,云"远近赴会者扁舟巨舰不下四五千艘,长虹桥自庙前十余里内排泊如鳞",其壮观场面可见一斑。

网船会主要依托民间自发形成的会社组织进行。嘉兴旧有荷花乡的内六房,南汇、王店乡的外六房,嘉北乡的三班,嘉兴许家村的船班和嘉兴新塍的老公门等。刘王出会是整个庙会的高潮,民间会社组织负责将刘王神像抬出庙,游行到王江泾,次日返回。队伍经过时,沿途观者如云。

出会时,前边鸣锣开道,刘王神像紧随其后。神像后边是舞龙、高跷的队伍,不少社团信众穿着古代服装扮成戏曲人物,还有一些穿红衣裙充当罪人的还愿者。出会时，各会社都要打出自己的旗帜，好生炫耀一番。庙会期间还有戏文、杂耍、高跷、调龙、舞狮、花鼓、莲湘等民间艺术表演。苏杭运河的长虹桥下则举行踏白船比赛。

大规模的庙会活动直至20世纪五六十年代才终止，随后庙宇被拆除。即便如此，民众自发的小规模祭祀活动仍然没有停止过。随着社会各界对地域文化保护的重视程度日益加深，经各方努力，1986年刘王庙得以重建，2003年首届江南网船会成功举行。中断近六十年的庙会再度兴起，各家媒体争相报道，轰动一时。同时，网船会的申遗工作也硕果累累。2007年，网船会被列入第二批浙江省非物质文化遗产名录。2011年，列入第三批国家级非物质文化遗产名录。

王江泾镇党委书记 鉏新良

一、网船会的环境

江南网船会是江浙沪一带渔民自发组织的民间庙会活动。其活动所在地刘王庙位于嘉兴市秀洲区王江泾镇民主村莲泗荡，此处地理位置优越、交通便利。

一、网船会的环境

  江南网船会，是江浙沪一带渔民自发组织的民间庙会活动，主要祭祀灭蝗英雄刘猛将。在当地，渔民、船民和农民普遍视元末除蝗救灾英雄刘承忠为刘猛将真人，并亲切地称之为"猛将军"、"刘王老爷"。百余年来，人们通过庙会的方式，祈求风调雨顺、出入平安、农渔丰收；通过庙会观光游乐、休闲购物，寄托情怀。

嘉兴莲泗荡网船会（张觉民 摄）

　　"网船会"是一个独特的水上庙会，来赶庙会的船只，大部分是江南水泽中渔民捕鱼的丝网船，"网船会"也因此得名。特别是每年清明、中秋前后，江苏、浙江、上海等地的渔民、船民蜂拥而至。商船、烧香船、丝网船、渔船、驳船、脚船、轮船等向莲泗荡汇集而来，船队从刘王庙门口延伸至古运河，长达5000多米。每次集会，为期达四五天，人数达三万多。这种民间自发性的祭祀活动清末已十分兴盛，一直延续至今，其规模、场面、人数在江南一带颇具影响。赴会者高举会社大旗，除祭祀神灵外，还有宝卷、神歌、龙舞、狮舞、莲湘、挑花篮、荡湖船、高跷、大纛旗、清音班、抬轿、腰鼓、戏文、踏白船、扎肉提香等原汁原味的民间文艺表演。

　　另一方面，网船会又与江南渔民、船民的生产和生活习俗息息相关，展现了一幅繁华生动、流淌不息的运河生活画卷。莲泗荡位于京杭大运河南段，网船会赴会民众的生活均与运河水系息息相关。在运河水系长年漂泊劳作的渔民、船民平时鲜有见面和交流机会，网船会为他们提供了一个联络感情的特定时空。庙会期间，亲友往来、品酒喝茶、闲话家常，互相联络感情，好不热闹。百余年来，网船会在当地已演变为渔民、船民的特殊节日，亦成为当地不可多得的文化资源。

[壹]地理环境

　　网船会活动所在地刘王庙位于嘉兴市秀洲区王江泾镇民主村莲泗荡，地理位置优越、交通便利。

王江泾镇位于浙江北部,与江苏省盛泽镇相接,和上海、杭州、苏州三大城市和乍浦港都在一小时交通圈内。南与嘉兴市区相连,北与江苏盛泽一桥相通,镇内有07省道、乍嘉苏高速公路、京杭大运河。自南宋以来,王江泾就是江浙两省交界处的一个丝绸集镇,方圆数十里,日出万匹,镇上店坊林立,市街繁荣,被誉为"衣被天下"的丝绸之府。京杭大运河穿镇而过。镇东建于明朝的长虹桥,为"浙江京杭大运河第一桥",造型雄伟壮观,有长虹卧波之势,为历代文人所称颂。

　　镇东的莲泗荡本名连四荡,以陶家荡、文泉荡、庙前荡、桥北

长虹桥（陈宏伟　摄）

荡四荡相连而得名，是古太湖的遗存。莲泗荡有大片开阔水域，一般水深1.5—2米，最大水深3.5米，风浪比较小，适宜渔船长时间停靠。莲泗荡水域面积四千余亩，盛产鱼虾。莲泗荡不仅是内河渔民捕鱼作业场所和停泊的码头，还是一条从嘉兴到嘉善、上海、吴江、苏州的水上运输通道，平日有许多过往的渔船和运输船。

虽然这里属于江南平原水网地带，气候条件适合农业生产，但由于地处太湖南泄洪区，地势低洼，经常出现洪涝灾害，因此历史上粮食产量很低，民众生活比较贫困。有民谣称"莲泗荡边徐长湾，三天大雨便成灾，苛捐杂税高利贷，十家要有九讨饭"。旧时，此地庙宇众多，民间信仰十分兴盛。

刘王庙主要祭祀刘猛将，所在位置三面环水，是设庙宇的好地方。东邻嘉善，北邻江苏黎里和芦墟两镇，南邻本区的油车港镇，西连京杭大运河及王江泾镇。环湖四周，绿树远村，烟波浩渺。登上刘公塔远眺，莲泗荡的水乡景色尽收眼底。

20世纪90年代前，大家前来刘王庙赶会，走的多为水路，八九十年代逢会期间还有客轮运营，而通往刘王庙的陆路均为田间小路。90年代初，王江泾镇在运河上建造了北虹大桥后，乡村公路逐渐延伸到各村。2000年，修筑了通往王江泾镇的公路，包括路面宽10米、长1千米的柏油公路以及三座桥梁，将刘王庙大门直接与乡村公路连通，来往香客不必再从村中穿过。目前镇政府正在修建莲湖大

莲泗荡风光(陈宏伟 摄)

道,与省道直接连通。

[贰]刘王庙的变迁

　　庙会活动场所包括寺庙里边及附近的集市,是围绕庙宇所发生的群体性信仰活动。庙的实质同样在于供奉神灵,显示出一定时代一定人群共同的文化理念。人们为神灵建起庙宇,安排住所,供奉美食佳肴,表演精彩的乐舞,虔诚地祭祀祷告,用自己的方式与神灵对话沟通。有庙才有会,庙会的兴衰与庙宇息息相关。在莲泗荡,信众们也为他们所信奉的刘猛将建起了一座刘王庙,几经变迁,这座庙迄今仍矗立烟波浩渺的水荡中,见证着网船会的兴衰变迁。

　　如今的刘王庙位于莲泗荡北岸，是20世纪90年代后在原址上重建的。据嘉兴王江泾方志《闻川志稿》的记载，这一带刘猛将祭祀起源于明代，清咸丰三年（1853年）在莲泗荡建庙，同治皇帝赐"普佑上天王"匾额后始称刘王庙。然而在当地传说中，刘王庙最初并不是建在这里的，关于莲泗荡刘王庙的来历流传着不同的说法。

　　传说一

　　刘猛将军庙原本在九曲，是当地人为了纪念一个叫刘猛的人而建的。过了不知道多少年，一次庙会上，九曲的人抬着刘老爷神像来到了莲泗荡，神像越来越重，再也抬不起来了。正在人们纳闷的时候，一位老汉说，一定是刘老爷看中这里，要在这里住下来了。大家一看，莲泗荡三面环水，十分开阔，果然是个好地方，于是就在莲泗荡建了一座刘王庙。据说，船家凡是在这一带水域遇到大风浪或是不慎落水，只要高呼"赤脚刘王救救"，就会化险为夷。就这样，嘉兴一带慢慢都建起了刘王庙。

　　传说二

　　相传刘猛将神像原本在五圣堂里，在现在的刘王庙西北大约1千米不到的地方。有一年，莲泗荡几个孩子抬着刘王塑像玩耍，就将神像从五圣堂抬到了大悲庵旁边的空地上。这时，天也黑了，孩子们便放下刘王神像各自回家了。第二天，村上的人发现五圣堂少了一尊刘王神像，便在孩子的指引下来到了大悲庵旁的空地，想把神像抬回去。等众人到了一看，才发现刘王神像已经自己渡过了小河，到了莲泗荡岸边。这天晚上，刘王向村里人托梦说，莲泗荡本来是甘罗地，风水好，他要住在那里。于是，村上的百姓就把神像抬进一旁的大悲庵，在莲泗荡岸边开始集资建庙了。说也奇怪，从那天起，每天晚上都有木排随水漂来，正好搁在建庙的工地旁。据说住在上游的人也有神托梦，说要在此地建庙，便把木料扎成排顺流放下，木排果然漂到了这里。这样，庙就建起来了。

传说三

传说刘王刘承忠出生于松江，十八岁从军，由于战功卓著被封为"刘猛将军"，任指挥使。后发生蝗灾，刘承宗带兵灭蝗，获得成功。后来元朝灭亡，刘承忠认为自己曾吃顺帝皇粮，不愿向起义军投降，就带领下属官兵，自沉水中。老百姓怀念他治蝗功绩和宁死不屈的人格，就立庙塑像逢节祭祀。起初塑像供奉在九曲五圣堂内，后来因嫌堂舍狭小，遂迁到大悲庵。刘王死于水中，江浙两省的渔民前来烧香的很多……大悲庵不能容纳，又在大悲庵东南造了刘王庙……咸丰三年（1853年）又进行了扩建……民国7年（1918年），佛教会又发起大修庙宇，成为后来的规模。

此外，居住在民主村的老村民也回忆说，小时候见到的刘王庙建在民主村11队的湾堂里，名五圣堂，堂内塑有香木做的刘王爷像。"文化大革命"期间，五圣堂曾用来养兔子、作食堂、堆泥坯，后于1972年被拆毁。旧时，五圣堂在乡间十分常见，堂中除了供奉五圣菩萨外，另有不少地方小神祇。

从传说和村民叙述来看，刘猛将原本是作为本地常见神灵被一同供奉于五圣堂中的。后来，因其"显灵事件"越来越多，吸引了大量渔民前来祭拜，信众也不断增加。因信众越来越多，先是迁入大悲庵，后来由外地来的渔民香会出资建造刘王庙，莲泗荡也就有了刘王庙。再后来，又经过两次扩建，到1949年初，刘王庙建筑面积450平方米，主殿高12米，内有刘王等十七尊塑像。[1]20世纪五六十年代，庙虽被废，民间祭祀却不断。

1986年，当时的荷花乡政府在刘王庙原址建刘公园，有望湖楼、九曲长廊、湖心亭、石拱桥等建筑，并将刘王庙建成"刘承忠纪念馆"，殿内仍祀刘王塑像，香烛纸马也悉依旧观。1992年扩建成刘公园，1995年改名为嘉兴市莲泗荡公园，这是嘉兴市第一个农民公园。1998年春，公园东小洲上建起了刘公塔，共七层，高43.8米，顶层内悬大铜钟一座，镌有"莲水钟声，太平世界"八字。2000年更名为嘉兴市莲泗荡风景区。2007年，又在刘承忠纪念馆前建刘王庙大殿，内供奉刘王塑像，背面刻有《猛将神歌》与《驱蝗咒语》。其中

[1] 朱一迅，《灵验与权力的双重建构》，华东师范大学硕士论文，2014年。

莲泗荡公园（陈宏伟 摄）

《猛将神歌》节录如下：

古时某年兵荒乱，连年干戈勿太平。

三年大水三年旱，三年蝗虫共九年。

神人传授遁甲法，腾云驾雾样样能。

施法捍去蝗虫害，舟船下水戏玩弄。

种秧割稻施妙法，一夜完工喜万民。

东洋倭奴刀兵乱，抢劫沿海众渔民。

清廷总兵刘荣福，领兵出征受难星。

海面迷雾失归路，灵神显法救军民。

杀退倭奴迷雾散，刘王字旗在天空。

清军奏凯回朝转，奏本皇上受御封。

敕封普佑上天王，青龙岗立庙到如今。

莲泗荡立庙多灵感，迁移西昂立庙门。

刘公塔共七层（陈宏伟 摄）

　　今日香火还神愿，保佑众姓永太平。

　　除了一般礼赞外，这里还记录了刘猛将军显灵，协助清朝官兵击退倭寇的神奇故事，同时保留了迁庙的说法。

　　如今，刘王庙所在的莲泗荡景区已经成为当地的一处风景名胜。公园以荷花池为界，池东为花园式仿古园林，园内杨柳依稀，花木扶疏，碧水、绿树、红花相映成趣。园西为荷花池，刘承忠塑像耸立其中，颇有威武之势。东西两岸九曲长桥相连，回廊中段嵌有飞檐翘角的依云亭，小巧玲珑，趣味盎然。作为国家AAA级旅游景点，十余年来，景区依托"江南网船会"的品牌，年接待游客从二十万人次上升到四十多万人次，成为一处焚香祈愿、品味水乡民俗文化的胜地。

二、网船会的历史源流

江南网船会迄今已有百余年历史，起源于清朝中后期，兴盛于清末民国初年，衰落于二十世纪五六十年代。沉寂三十年后，沐浴着民间文化兴起的春风，它再次展现出绚烂、繁荣的画卷。

二、网船会的历史源流

　　庙会，又称为庙市、节场，与其他民俗一样，它是社会发展到一定阶段的产物，又随着社会的发展变化而体现出时代色彩。早期的庙会仅仅是一种隆重的祭祀酬神活动，后来逐渐与佛、道两教结合，成为重大的宗教节日活动。随着经济的发展和人们交流的需要，庙会在保持祭祀活动的同时，逐渐融入市场交易，形成了热闹的庙市。明清之际，庙会除了包含地方性求神活动，非宗教性的娱乐活

网船会庙会是地方性民众的盛大节日（陈宏伟　摄）

动、集市活动也自然而然地融入其中，内容更加丰富。信众还把神像抬出庙外巡游，举办更加盛大的"迎神赛会"。从繁荣的城市到偏僻的乡村，庙会都热火朝天，成为地方性民众的盛大节日，成为他们精神生活的重要组成部分。

莲泗荡网船会迄今已有百余年历史，起源清朝中后期，兴盛于清末民国初年，衰落于20世纪五六十年代。沉寂三十年后，沐浴着民间文化兴起的春风，它再次展现出绚烂、繁荣的画卷。在具体的发展中，既传承着历史的基本特征，又融合了鲜明的时代特性，充满着浓郁的水乡文化气息。

[壹]兴起与变迁

网船会大约兴起于清咸丰年间。清代唐佩金撰、刊于宣统三年（1911年）的《闻川志稿》载："吾乡俗传正月二十日开印，八月十四日诞辰，届时江浙渔船咸集（莲泗）荡中，以数万计，演剧献牲，岁以为例。至二三月之交，船之集尤多，谓之网船会。"光绪十二年（1886年）《点石斋画报》载图《网船会》并配文曰："嘉兴北乡莲泗荡，八月十三日为刘王诞期，远近赴会者扁舟巨船不下四五千艘，自王江泾长虹桥至庙前十余里内，排泊如鳞，是日奉神登舟，挨荡巡行，午后回宫，俗名为网船会云。"据此，网船会形成的历史至少已有一百多年。

网船也叫丝网船，是江浙一带普遍的打鱼船，形似柳叶，首尾

嘉兴县乡船渔泊海[...]
普佑普船[...]
大王刘伯[...]
蜥为刚船联[...]
捕渔于江[...]
大自光[...]
沈[...]
如比以[...]
者高[...]
四五里[...]
继有王舟[...]
莫[...]
为八月[...]
十里[...]
春秋藏[...]
共约田[...]
为[...]
会[...]

划船会

《点石斋画报》载图（张觉明 供图）

微微翘起。每船一般备有两把桨，用手划或者脚蹬，击水向前，快如飞梭。以前在江南水乡随处可以见到。随着时代的变迁，渔民水上作业的船只也早已机械化，现在则把撒网捕鱼的渔船统称为网船。网船会以丝网船数量为多，但参加的船只并不局限于此。庙会期间，江浙沪一带，特别是嘉兴各县区包括嘉善、海宁、平湖、海盐、桐乡等地的商船、烧香船、盖棚的连家渔船、驳船、脚划船、轮船以及船头雕着鱼眼珠的海渔船都会云集于莲泗荡一带水域。船队从莲泗荡的刘王庙门口延伸到京杭大运河，长达十多里，把六千多亩的莲泗荡挤得只剩下一条单行航道，蔚为壮观。

清末民国初年，网船会盛极一时。民国37年（1948年）8月28日的《嘉善民权报》载："连四荡的刘王庙愚民五十万虔诚顶礼，劳民伤财耗资五千亿。"文中对民国36年（1947年）的刘王庙会有这样一段描述："民国36年，刘王庙庙会有十八万三千之多的猪头献上神座。据统计，高高竖着桅杆的大船约有八百余艘，轮船二十四艘，其他汉口船三艘，青岛和香港来的船各一艘，其余小网船和民船更不知凡几。刘王的纱帽是新置的，价值黄金六两。"民间对这一庙会的重视程度可见一斑。

这种大规模的庙会活动直至1958年才终止。但即使是庙宇被拆除的"文化大革命"期间，民间小规模的祭祀活动仍然没有停止。至20世纪80年代初，民间香火又重新燃起，1979年即有五万多人参会，1986年增至十余万。时至今日，江苏、浙江、上海等地的渔民、船民仍年年汇集，船队从莲泗荡延伸至古运河，长达5千米。每次集会活动时间为四五天，人群达数万之众。活动均由民间社团自发组织，很有秩序。

随着时代的变迁，网船会也发生了一些变化。以往刘王出会一直是庙会的重要环节，现在串庙会替代了刘王出会。与原来的出会仪式相比，串庙会活动范围局限在庙内外，但声势不比过去逊色。

密密匝匝的网船（张觉明　摄）

船上的幸福人家（陈宏伟　摄）

在庙会上，经常能看到民间自带道具、自发组织的各类表演，打莲湘、挑花篮、打腰鼓、舞龙等。

热闹的祭祀活动结束后，渔民、船民们各自回到他们赖以生存的船上，拿出酒食，款待亲友家人。一些船家还用松木板钉成船排，大摆酒席，彻夜欢饮。来赶网船会的渔船少则集聚三天，多则一周，充分享受网船会带给他们的快乐。船民以船为家，四处漂泊，平时很少有与亲朋好友聚会交流的机会，于是网船会便又成了他们探亲访友，联络感情，交流信息，乃至谈情说爱的极好契机。

网船会会期一年四次，分别是开印、清明、中秋和封印，其中尤以清明庙会最为隆重。

正月二十开印　正月二十是刘王庙开印日，南六房各社团的船头、船舱中，摆放着三块肋条肉、三条鱼、三个鸭蛋、九碗小菜和各色水果等，司仪斟酒布杯，焚香祭礼。在庙中，门神开道、锣鼓喧天，众人将去年十二月二十日贴的封条撕去，预示着家家户户开渔、动土。同时，这一天还要决定清明会期的具体时间，以及其他各项事务。

清明庙会　清明庙会的时间随当年清明而定，当地有"二月清明，廿七廿八；三月清明，初二初三"的说法。若当年清明在农历二月，庙会就在清明之后的三四天；若清明在农历三月，庙会则在清明之前的三四天。

清明庙会是一年中"最兴"的一次，一百零八个班口齐聚，祭拜刘王，进行表演。船只到达后都停泊在庙前的莲泗荡里，渔民们则烧香拜菩萨，顺便会会亲朋好友，热闹非凡。十几岁就参加过庙会的陆柏根老人在回忆起20世纪四五十年代的庙会情形时说：

> 网船会都是自己组织来的，那时候没有车子的，都是船。捉鱼的丝网船最多，上海来的运输船也有，还有海船，船头上有两个眼睛的，都是海里捉鱼的。船来了，就停在（莲泗）荡里，都停满了，数也数不清，从门口一直停到王江泾。船跟船中间就20厘米，一点点路，勉强好过一条船，每个船上四五个人，多的有七八个人。你的船，我的船，都要做好记号的，插一样东西，自己记牢，不然连自家的船也找不到了，船实在太多了。[1]

前来赶庙会的船民每到莲泗荡就在刘公园的湖岸停泊，大一点的船上都竖插绣金龙的三角旗，旗上书"普佑上天王"大字。每只船上船头列祭品，有猪头、猪爪、猪蹄髈、条肉、鱼、豆制品和水果、糕点、黄酒等。船驶近刘王庙，便燃放大号"高升"爆竹。靠岸第一件事是船民成群结队抬着门板，板上堆放着几十只猪头和其他祭品，到庙内供奉刘王。上香祈愿、献牲演戏、踏白船比赛等活动接连上

---

[1] 口述人陆柏根，1936年出生，原莲泗荡民主村大队会计。采访时间2012年8月27日，地点莲泗荡刘王庙管理员办公室，记录人袁瑾。

船头琳琅满目的祭品（陈宏伟 摄）

船民船上祭祀（陈宏伟 摄）

演。祭祀完毕，会首的船与其他各船用大型松木板以铁钉钉成船排，排上搭棚，供社团祭祀。小船小户也在船上会亲、聚友、宴请，往往通宵达旦到翌日。

清明还有更为隆重的刘王老爷出会。各个社团按南六房的排班和各自职能，纷纷亮出令班、十禁牌班、轿班、旗班、龙虎班、龙灯班、大爷班、护香班、音朝班、腰鼓班、扎肉提香炉等仪仗、技艺队。他们首尾相衔，护送刘王神像在各船、各村中巡游，长度有好几里。

中秋 中秋庙会也是刘王的开光节，而八月十三是刘王的诞生日。八月十二、十三两天，人们在庙中给神像掸尘、上漆、烧香祭拜，俗称"洗面"。香客则诵唱《刘王宝忏》，进香还愿，顺便交流渔事、生活。

十二月二十封印 农历十二月二十日还有封印仪式，由各个社团的代表点香议事，将盖有"普佑上天王"玉印的鉴条封掉。等到春节前夕，大家摇船向刘王献上过年的供奉，热热闹闹的网船会大戏宣告落幕。

出会，又称迎神赛会，是各地民间庙会常见的形式之一，只是各地叫法不同。出会时，信众组成浩大的队伍抬着刘王神像，按照一定的路线巡游，并伴有各种民间艺术表演。刘王出会是当地的一件盛事，一百零八个班口齐聚，各司其职，场面热闹、壮观而又井然有序，也展现了这些民间组织之间以信仰为名，彼此之间相互协调、自我管理的能力。

莲泗荡当地有"三年两会"的说法，也就是说出会并不是每年都进行的，连续两年出会后，要歇一年。出会一般在清明前后进行，当年要不要出会以及出会的具体时间在每年的正月二十开印仪式上决定。南北六房、内六房连同令班、七省社、香亭社、兴隆社等比较大的班口香头会同商议，获得神灵的同意。如何才能了解神灵的意愿呢？香头们采用一种杯珓的占卜方法，当地俗称"扔灶"。具体来讲就是把两块黄杨木制成的木片抛在刘王神像前，若是两片同为正面或同为反面，就表示"顺了"，刘王菩萨同意他们的决定，若是两片正反面不一致，则表示刘王菩萨不同意。

出会的时间确定以后，庙上就要通知各个班口。据老人回忆，20世纪二三十年代时，庙上还会发"请帖"，一张白纸上写明出会的时间、地点等，盖上刘王大印，装在信封中，发送到各个班口，班口

网船会出会盛况（陈宏伟 摄）

自愿参加。但渔民中识字的并不多，主要还是依靠捎口信的方式传递消息。1947年是最后一次出会，规模浩大。

出会当日早上六时左右，南六房主持梳洗仪式，轿班会将刘王老爷神像抬入轿中，出会便正式开始了。刘王老爷的八抬大轿是队列的中心，神轿由轿班会负责。轿班会由三十六人组成，分四班，都来自莲泗荡民主村。轿班除了抬老爷之外，还负责"铺跳"。王江泾一带水网密集，行路途中常常会遇到小河小溪，这时轿班会就要铺设跳板，保证整个队伍顺利行进。

出会一般走旱路，从莲泗荡刘王庙出发到王江泾长虹桥的关阳庙，在那里过一夜，第二天返回，一共两天的时间。具体的路线如下：莲泗荡刘王庙—元通庵—三王庙—井田庙—木老太庙—关阳庙（宿山）—嵊泗石桥镇阳庙—莲泗荡民主村济阳庙—刘王庙。

一般的小庙，刘王菩萨并不进庙，只在庙门外的空地上停留一下。此时，早有一些班口或者信众搭好了棚，备上香案、供品，烧香叩拜的信众络绎不绝。巡会的队伍第一天晚上在关阳庙宿山。菩萨神像从正门进入关阳庙，被置于大殿正中。此时，班口组织拜忏活动。大殿对面就是戏台，有堂门送戏，唱的都是京剧。这一夜，不少班口通宵拜忏。

关于20世纪40年代出会的队列并没有详细的记载，也没有能够获得比较清晰的口述资料，只有一些片断式的描述：

网船会出会行进的队列（陈宏伟 摄）

　　老爷出去，无常是开路先锋。带头的人拿一个钢叉，肩膀上背一个白无常，在最前面。大家一看到无常，怕的，就跑开了。无常是木头做的，抬在肩膀上。那时候，做戏文的班口很多的，一个戏文前面一个敲锣的，隔开的。这些戏文唱也不唱，就是衣服穿起来，跟跟的。挑花篮的也有，提香炉的也有，还有一个叫"武松"的。小孩子穿黑衣服，戴黑的武松帽子，拿一个棒子，坐在大人的肩膀上，扮武松。小孩子也就十多岁，大概两三个人。还有高跷、打莲湘、摇螳螂船，很多的。[1]

[1]　口述人陆柏根，1936年出生，原莲泗荡民主村大队会计。采访时间2012年8月27日，地点莲泗荡刘王庙管理员办公室，记录人袁瑾。

出会的时候一个一个班口排下去的，有讲究的。大老爷前面三十六个班口，后面七十二个，这样一百零八个。前面有牌子的，肃静、回避这样的，好像老爷升堂一样的。前面有一条蜈蚣的，5米多长。举的人穿兵丁的服装。这条蜈蚣有来头的，不过我也讲不清楚了。南六房在老爷前面，北六房在老爷后面，我是令班，走在队伍外边的，指挥他们，维持维持的。[1]

出会，每个班口都有自己的任务的，有令班、十禁牌、轿班、轿伞、扎肉提香炉、押粮社、水道七省社、岸道七省社，很多的。以前，刘王老爷出会，要到各个班口船上走一遭的。现在的庙会，一百零八个班口不全了，花样没有以前多了。[2]

根据老人的描述，以及与杭嘉湖一带民间出会情况的相互比照，我们还是能够大致勾勒出当年出会队伍的盛况。出会队列包含了开路队、仪仗队、表演队和后拥队四个部分。民间出会历来重视开路先锋，各地名称叫法不同，但意义相似，负责踩街开道、驱散人群，网船会则使用木刻白无常开路。仪仗队以神轿为中心，包括轿

[1] 口述人章宝根，1950年出生，江苏吴江黎里渔业村村民，网船会令班负责人。采访时间2012年8月7日，地点王江泾莲泗荡刘王庙食堂内，记录人袁瑾。

[2] 口述人陈阿金，1950年出生，原南湖乡许家村渔民，现居嘉兴市南湖区，南六房主要负责人之一。采访时间2012年8月7日下午，地点莲泗荡刘王庙接待室，记录人仲美文。

网船会民间表演（陈宏伟 摄）

班、旗伞社、直景班、轿伞，这些班口模拟的是旧时官员出巡的场面。表演队，指的是各类有"戏文"的班口，这些班口在队列行进与停留中展示各种民间艺术表演，包括各种舞蹈、杂耍、造型艺术等，最能博人眼球，也颇能体现特有的地方文化。所谓的后拥队是指一些即兴加入的持香祭拜者所组成的队伍。杭嘉湖一带习俗，出会时，总是会有一些善男信女事先准备好香烛或者其他供品在路边等候出会队伍的到来，待队伍走过后，便跟在最后，随着大部队一同巡游。这样做既无碍出会，又能够表达自己虔诚之心。慢慢地，这些临时加入的民众也成了出会队列的一部分。

班口会按照分工被编入不同的队列中。每一个队列的繁简，表演内容的多少，以及内部班口之间的先后顺序，则因时因地发生变化，主办者会根据当年班口的数量作出调整。一般，表演队的灵活度最大，也最具有开放性。

一支完整的出会队列集仪仗、造型、杂技、舞蹈、音乐、武术为一体，可谓诸艺杂陈。同时，它还具有祈福祓除的仪式功能，因此在班口的排列时，组织者十分重视仪仗的完整性。仪仗队要符合刘王"普佑上天王"的身份，以此保证功能上的完整和灵验。

若是碰上下雨，出会就要走水路了。刘王老爷要坐船到关阳庙，除了白无常跟老爷上船外，其他班口还是在旱路上走。老爷乘的船称为"狮蟒船"，船体十分宽大，船板上可以唱戏。多数时候，狮蟒船是上海方向的班口开来的，作烧香载客之用，船上并没有特别的装饰，若有需要也可当作载菩萨的船。菩萨上了船以后，船就开摇了，白无常依旧立在船头。莲泗荡内挤挤挨挨的丝网船看到白无常，都要让开水路。菩萨的狮蟒船前还有一条大船，船上有盘车、锁链，若是有船只不愿避让，碰上锁链，船就要被夹碎。

[贰]影响与价值

莲泗荡地处河网密集的江南水乡，其独特的地形地貌、自然条件赋予了网船会江南水乡文化的特征，它是目前国内不可多得的水上庙会。

（一）网船会展现了渔民、船民独特的信仰心理和祭祀习俗。

旧时，渔民以舟为家，上无片瓦、下无寸土，漂泊一生，各种自然灾害、身体疾病、社会动乱都会给生活带来灭顶之灾。另外由于这一带低洼多涝，又由于蝗灾、霍乱和血吸虫病横行，新中国成立前人民生活贫困、艰难。因此，祈祷风调雨顺、出入平安、农渔丰收是老百姓的最大愿望。他们建庙祭拜，寄希望于各类神灵，以求得心灵的慰藉，一年四季，各类祭祀不断，网船会成为了这一带渔民最大的庙会，是他们的水上节日。

刘猛将通过历代的传诵、祭祀，千百年来已深深地根植于广大渔民、船民、农民心中，他的影响根深蒂固。在民间传说中，刘猛将从小受苦受难，却心地善良、本领高强，遇天灾人祸，乐于助人。无论是刘锜、刘锐，还是刘承忠，他们生前驱蝗消灾，死后依旧庇佑众生，仍在为民驱蝗，甚至还扩大了施展神力的范围。民众认为，他们对于人间的多种灾祸都乐于相助，是"生而圣明、死为明神"的化身。

刘猛将信仰又与这一带长期以来"饭稻羹鱼"的生活生产方式密切相关。稻米是吴越地区百姓的主食，种植水稻成为农业的主体活动。长期以来，百姓深受稻米的天敌——蝗虫之害，而驱蝗神刘猛将就理所当然地受到了"鱼米之乡"群众的爱戴。同时，刘王庙坐落在莲泗荡北岸，此处水网密布，渔业生产历史悠久。传说中刘猛将落水而死，由驱蝗神演变成为太湖流域重要的水神之一，莲泗荡刘王庙会逐渐形成了以渔民为主体的祭祀圈，历百年而不衰，深深地打上了地域文化的烙印。

（二）通过网船会可以进一步了解运河江南段水系船民——这个长久以来被忽视的特殊社会群体的内部组织以及日常生活面貌。由此，网船会的研究也具有重要的社会学价值。

各地船民、渔民赴会，一般都以宗族和民间社团的组织形式参加。网船会上的民间社团，俗称"班口"，有首领，并且世代相袭，组织井然有序。参会时，各个班口按约定俗成的顺序排列在莲泗荡荡口，小班口依附于大班口，船只停泊位置不得随意更改。届时，各个班口船头高耸社旗，许多社旗呈三角形，绣有青龙，与清代漕运船帮的旗帜颇为相似。班口有的以宗族形式组成，有的则是一种香会组织，由"香头"带领参加庙会，令行禁止，形成一系列习俗，还有专门用来传递信息的"海波罗"。这些社团中，迄今还保存着祖辈流传下来的神偶、会旗、祭祀用品、宝卷等文物，并且世代传承着一套颇为独特的祭祀仪式和在仪式上吟唱的神歌（一般称为"赞神歌"）。同时，有的社团组织在船民、渔民婚丧嫁娶等日常生活中也起到一定的互助、制约作用。

这一带的船民、渔民，常年在京杭大运河江南段水系漂泊，流散作业的渔民、船民常年"水里来荡里去"，平时很难相聚，宗族和民间社团间的联络较陆上定居的农民更为困难，他们的宗亲、姻亲和乡亲常易失散。一年一度的庙会，便成为他们认祖归宗、寻亲访

网船赴会（张觉明 摄）

网船及船上人家（陈宏伟　摄）

友、打听鱼汛船讯的好机会。在网船集会的日子里，渔民、船民一边祭祀刘王，一边观赏各类文艺表演，一边又寻亲访友、邀亲友聚宴、探听生意行情。庙会期间，各路商贩或在船上开设小卖部或在岸上市场设摊。渔民通过庙会，购买日用什物，其中必买刘王的画像，这是船民买旧船或置新船时必备的。

据调查统计所知，目前网船会上的"班口"有一百一十个，大多沿袭七八代至十代之久，按照时间推算，与民国年间在这一带水系活动的运河船帮会有某种渊源关系，值得进一步研究。

（三）网船会为丰富多彩的民间艺术表演提供了平台。

各类民间艺术表演是庙会活动不可缺少的组成部分，在网船会上表演的各种民间艺术样式众多，并且保存着较多古朴的元素。主要艺术样式有唱宝卷（《刘王宝忏》）、唱神歌（《猛将神歌》）、龙舞、狮舞、莲湘、挑花篮、荡湖船、高跷、大纛旗、清音班、抬轿、腰鼓、戏文、踏白船、扎肉提香等。

出会是每次庙会的高潮，渔民、船民抬着刘王塑像巡游。扎肉提香的敬神仪式一般是由十二个男性青壮年表演的。他们在手臂上扎上八个钢钩，钩下端挂着3公斤重的香炉和5公斤重的大铜锣，边走边敲，吸引了很多人驻足观望。持续几天的庙会，各支自发前来表演的调龙、舞狮、莲湘、花鼓、挑花篮等民间表演队伍，在同一个场地、同一个空间有序表演，有时，一个上午有近三十支队伍登场献艺，抒发情怀。这些节目都由各地船民、渔民自编自演，从来没有文艺工作者介入创编，因而具有极强的原真性，纯朴率真，原汁原味，难能可贵。

在热闹的人堆里，时见一群群披红戴绿的老太太满脸欢笑，跳着民间舞，用最朴素的方式表达自己对刘王的敬意。老太太们的头饰可谓庙会上的一大亮点，看得出，她们以自己精心准备的独特头饰，发自内心地庆祝这个盛大节日。

正因为网船会具有地方文化史、社会学以及艺术学上的重要价值，"网船会"已被国务院列入第三批国家级非物质文化遗产名录，有关调查研究也开始引起地方文化部门的关注。

三、网船会的民间信仰

参加江南网船会的信众大多信仰刘猛将。有关刘猛将的其他一些俗神信仰曾经在这一带渔民、船民乃至农民的精神生活中产生过重大影响，是网船会这一非物质文化遗产的重要组成部分。

三、网船会的民间信仰

中国历史上的庙会，一般都是围绕着某个或者某群寺庙宫观的信仰活动展开的，相关的宗教信仰或民间信仰自然而然地成为庙会活动的焦点，网船会也不例外。参加江南网船会的信众大多信仰刘猛将。有关刘猛将信仰以及与其相关的其他一些俗神信仰曾经在这一带渔民、船民乃至农民的精神生活中产生过重大影响，是网船会这一非物质文化遗产的重要组成部分。

[壹]刘猛将——从驱蝗神到渔民保护神

刘猛将是江南农村，特别是太湖流域农民普遍信仰的一位重要的神灵，相传他的主要职责是驱逐蝗虫，保护稻作生产。

这种俗信与驱除虫害的历史有关。蝗虫和水灾是农业生产的天敌，传统农民很难防范。当年，蝗虫所到之处遮天蔽日，田禾尽毁，颗粒无收，百姓流离失所，饿殍遍野。在农业技术并不发达的年代，百姓除了用一些历史上传下来的土办法除虫治害，不得不求助于神灵。他们对驱虫避害的神灵顶礼膜拜，希望这样的神灵在冥冥之中保佑他们，消除虫害。

自周代就有祭祀保佑百姓战胜虫害的八腊神的习俗。宋元以降，很多地方信仰刘猛将军，称其为驱蝗神。王江泾地方志《闻川志稿》卷二云："按周礼地官族师春秋祭酺，注曰为人物灾害之神。宋绍兴中酺祭蝗虫为灾则祀之。今祀刘神以祭酺之遗意。"说的就是这种情况。

明代，民间除普遍祭祀八腊神外，一些地方还出现了刘猛将军庙，祭祀专门驱逐蝗虫的神灵刘猛将。洪武年间卢熊辑《苏州志》就有"猛将庙"的记载。崇祯年间牛若麟《吴县志》记载："猛将庙，在府治中街路仁凤之北。景定间因瓦塔而创。神姓刘名锐，或云即宋名将刘锜弟，尝为先锋陷敌保土者也，初封扬威侯，加封吉祥王，故庙亦名吉祥庵。相传其神能驱蝗，吴人事之甚严，累着灵异。"

有清一代，刘猛将信仰日盛。康熙五十八年（1719年），河北沧州、静海、青县等地发生了大规模蝗灾，当时的直隶守道李维钧率属官前往猛将庙祭祀祈祷，结果蝗虫果然没有造成灾害。雍正二年（1724年），升任直隶巡抚的李维钧将此事奏报雍正皇帝，并请求在各地建立刘猛将军庙。雍正皇帝认为"凡事之有益于民生者，皆欲推广行之"，遂发下谕旨，令各省府、州、县建庙，春秋致祭。刘猛将军作为驱蝗正神被纳入祀典，《大清会典》载："各省御灾捍患之神列于祀典者，守土官皆以时致祭……刘猛将军，各省府州县均立坛庙致祭。刘猛将军为元指挥刘承忠，祭以春秋诹吉。"

皇帝的谕旨很快得到了执行。直隶、中原、江淮、江南各地陆

刘猛将像（陈宏伟 摄）

续修建起了刘猛将庙。这些祭祀刘猛将的庙宇名称不同，有"猛将军庙"、"刘将军庙"、"将军庙"、"虫王庙"、"刘王庙"等，其中以"刘猛将军庙"的称呼最为普遍。

咸丰六年（1856年），浙江东北部、直隶等几个北方省份发生蝗灾，但各省奏报此次蝗灾并未造成毁灭性灾害，且蝗蝻也被清除，大家于是认为这都有赖于神灵保佑。皇帝龙心大悦，经礼部商议赐刘猛将军"保康"封号，以表敬意。此后，皇帝不断追加封号，敕赠匾额，同治年间加封"普佑"，后又有"显应"，封号也越来越长，到光绪十三年（1887年）以后，驱蝗正神刘猛将的御封全称为"保康普佑显应灵慧襄济栩化灵孚刘猛将军"。

当年，民间各地除了立庙祭祀外，每年春秋两季还有固定的"抬猛将"活动。第一次是农历正月，从元旦开始一直到元宵节以后，以正月十三为高潮，这一天相传是刘猛将的生日。正月初一，抬猛将巡游村寨贺年；初六，猛将逛会，晚上各村敲夜节锣；初八敲日节鼓；初九猛将抢会；十三，猛将生日，在猛将庙中点燃巨烛；元宵节，各村上灯，猛将庙前挂塔灯。[1]

秋季祭猛将的活动称为"青苗会"或"青苗社"。时间多在农历七月半（中元节）前后，会期一般为三天。农家在田里插五彩三角形纸旗，称作"猛将令箭"，表示猛将下令驱除害虫，实际上是为了驱

[1]   姜彬主编，《稻作文化与江南民俗》，上海文艺出版社，1996年，第671页。

赶啄食稻实的麻雀等。最后一天是猛将出会，或叫走会，各村要抬着猛将前往田间村头。抬像的人可以在田头奔跑寻开心，也可以抬着猛将像左右摇摆，直到把猛将像横过来与地面平行，俗称"嬉猛将"。最后"送驾回宫"，活动结束。出会的队伍中，照例要有各种地方特色的歌舞、杂技、武术表演等。青苗会期间，也请"祝司"唱《猛将神歌》，或请宣卷班唱《猛将宝卷》，也有请草台班演戏酬神的。

关于猛将神的原型和来历，有关史料、方志、明清笔记小说中可以找到不少相关记载，并有大量的民间传说故事流传，其中记载颇有差异，大致有以下几种说法。

一说是刘鞈。宋钦宗时，任资政殿大学士，出使金营，金人欲使其投降，刘鞈不屈，自杀身亡。

二说是刘锜。清姚东升《释神》卷四引《灵泉笔记》载："宋景定四年，封刘锜为扬威侯天曹猛将，有敕书云：'飞蝗入境，渐食嘉禾，赖尔神灵，剪灭无余。'"清姚福钧《铸鼎余闻》卷三引《怡庵杂录》载："景定四年，上敕封刘锜为天曹猛将之神，蝗遂殄灭。"

三说是刘锐。清翟灏《风俗编》引汪沆《识小录》载："相传神刘锐，即宋将刘锜弟，殁而为神，驱蝗江淮间有功。"清康熙《江南通志》卷二三也说苏州府"猛将庙，在府治中街路仁凤之北。景定间因瓦塔而创。神姓刘名锐，或云即宋名将刘锜弟"。然而《宋史·刘锜传》中并未见其弟刘锐之说。刘锐名另见于《宋史》，《宋史》卷四四九《刘锐传》说他是南宋末年死难的文州知州，并不是刘锜的弟弟。《刘锐传》载："熙元年，北兵来攻，锐与通判赵汝昜乘城固守，率军民七千余人昼夜搏战，杀伤甚多。拒守两月余，援兵不至，城中无水，取汲于江。"最后，"锐度不免，集其家人，尽饮以药，皆死。"

四说是刘宰。南宋光宗时人，任江宁尉，为人刚正不阿，多为乡人谋福。清王应奎《柳南随笔》卷二载："南宋刘宰漫塘，金坛人。俗传死而为神，职掌蝗蝻，呼为猛将。江以南多专祠，春秋祷赛，则蝗不为灾，而丐户奉之尤谨，殊不可解。"

五说是刘承忠。莲泗荡一带信众普遍认为刘猛将是刘承忠。《嘉兴府志》（许瑶光辑）卷十载："刘猛将军赖以驱蝗卫谷，雍正二年（1724年）列入祀典，每岁正月十三日诞祭，冬至后第三日戌日致祭。咸丰七年（1857年）敕加保康号，按礼部则例。神姓刘名承忠，元时指挥官，能驱蝗。元亡自沉于河。世称刘猛将军。大清会典通礼皆同。"这和《闻川志稿》上的记载是一致的。

那么刘承忠到底何许人也？刘承忠本人并不见于正史，据说，他是元时指挥官，能灭蝗。成书于康熙二十二年（1683年）的《畿辅通志》载："神名承忠，吴川人。元末授指挥。弱冠临戎，兵不血刃，盗

皆鼠窜。适江淮千里飞蝗遍野，挥剑追逐，须臾蝗飞境外。后因鼎革自沉于河。有司奏请，遂授猛将军之号。"[1]

这一段文字在康熙以后成为描述刘承忠身份、来历的原始依据。不少地方志都有收录，或原文抄录，或稍作增减，或文字有所变更。《大清会典》、《大清通礼》、《大清一统志》等官方典籍也采用了这一说法，只是在文字上有所增删。

关于刘承忠将军还有一段更为详细的传记，见载于《乾隆蔚县志》。据说在康熙五十九年（1720年）李维钧主持的一场扶鸾仪式中，刘猛将军显灵自述身世，时知县员以成记录下来，刻在墓碑上：

> 吾乃元时吴州人。吾父为顺帝时名将，曾镇西江，威名赫赫，声播遐迩。惟以忠君爱民、念念不忘国事；家庭训迪吾辈，亦止以孝悌忠信为本。吾谨遵父命，亦日以济困扶危居心行事，一切交游莫不遵训。吾后授指挥之职，亦临江右。又值淮南茬荷之盗蜂起，人受涂炭；令吾督兵剿除。我时年方二十，偶尔为帅，惟恐不能称职，有负国恩，又贻父母之忧。孰知天命有在，经由淮上，草盗闻信体解。反舟凯还江淮之路，田野荒芜，因停舟采访舆情黎民疾苦之

[1]　［清］唐执玉等，《畿辅通志》，文渊阁《四库全书》498册，台湾商务印书馆，1986年。

状。皆云盗掠之后，又值蝗孽为殃，禾苗憔悴，民不聊生。吾其时闻之恻然坐于舟中，计无所施。欲奏议发仓，非职守当为；而目击惨伤，无以拯救。适遇飞蝗蔽野，视其众曰："吾与汝等逐之何如？"众皆踊跃欢然相随。吾即率众奋力前进，蝗亦为之遁迹。然而民食终缺；困不能扶，灾不能救，乌在其为民上耶！因愤极乃自沉于河。后为有司闻于朝，遂授猛将军之职；荷上天眷念愚诚，列入神位。[1]

光绪十一年至十四年（1885—1888年），后来成为第一任驻美公使的陈兰彬先后编纂了《吴川县志》、《高州府志》，在上述两志中，陈兰彬根据《大清会典》、《安徽通志》、《苏州志》等记载，把刘承忠写入了专门记录本地名人的《人物传》中。至此，刘承忠正式被家乡确认为吴川人，进入方志记载。

大约从清代中晚期开始，两浙渔民、船民普遍将刘猛将当作水神，加以崇拜。江苏、浙江和上海部分县区流传着不少刘猛将的传说故事，讲述其生平、渲染其神迹、赞颂其解危除困的助人精神，同时又在诸多细节上渲染了浓郁的水乡生活特色，故事显得更加生动丰满。

关于刘猛将军的来历，莲泗荡一带渔民普遍认同以下这则传

[1] ［清］朱珪，《乾隆蔚县志》，乾隆四年（1739年）刊本。

说。传说元朝末年江浙交界处蝗虫成灾，当时正任江淮指挥的刘承忠看到灭蝗虫的招贤榜，便揭榜赴嘉兴灭虫。他带领当地官兵和当地民众奋力捕杀，终于灭了肆虐的蝗虫。然而蝗虫虽灭，田地却一片荒芜，至今莲泗荡一带还流传着"蝗虫灭光，地白田荒"的俗谚。于是，刘承忠又带领老百姓下湖捕捉鱼虾，由于他不识水性，不幸溺死在莲泗荡中。为了纪念他的功绩，百姓便在莲泗荡为他建庙塑像，称为"刘老爷"，每年祭祀不断。

在刘猛将信仰兴盛的苏州吴江流传着另一个版本的说法。传说刘王老爷小名刘阿大，出身在苏州近郊的穷苦人家。他从小死了娘，父亲又娶了后娘，生了个儿子。后娘心狠手辣，一心想把刘阿大赶出家门。黄梅季节，继母故意刁难他，拿出炒熟的黄豆叫他去种。这哪里种得出来呢？后娘找到借口把刘阿大赶了出去。有一天刘阿大流浪到黄浦江边，看到前面摇来一条卖小猪的船。已经三天三夜没吃东西的刘阿大不管三七二十一，跑上去就讨猪肉吃。卖猪人不肯，刘阿大威胁说："你们不肯给我，不出黄浦江就要翻船的。"船上的人不理他，没开出去多远，船果然被浪掀翻了。从此，黄浦江上有了江猪。

刘阿大在外面流浪，实在没地方去了，最后投靠到了外婆家。好在娘舅家田大地大，就收留了刘阿大。有一天，娘舅叫刘阿大去放鸭子，谁知，刘阿大几天没回家，漂泊在外的几个孩子把鸭子都杀了吃光了。刘阿大没办法跟娘舅交代，急得朝天大哭。正在这时天上飞过来几只野鸭，刘阿大一阵高兴，急忙高喊："鸭子鸭子快帮忙，待我回家就把你放。"这群野鸭子果然服服帖帖地跟着阿大回到娘舅家了。

就这样，阿大在娘舅家割稻、耕田、放牛，样样都做，不知不觉已经到了冬天。这天娘舅家造了一艘新船，船要下水了，娘舅叫来一帮人拔船，请大家吃喝。阿大见自己吃不到，就借神威有意作弄。一帮人使尽力气，船怎么也拔不动，阿大却在一旁拍手大笑。娘舅心里这才有了数，上前要求阿大不要开玩笑了，帮一下忙。阿大饱餐了一顿，手一挥，新船便呼地滑入水中，飞快地向远处漂去，没多久就无影无踪了。娘舅叫苦不迭，一气之下把阿大赶出了家门。据说，这只船最后漂入天河，给玉皇大帝当了玉船。

后来遇上了蝗灾，庄稼地里颗粒无收。刘阿大路过一座小县城，只见城墙门口围着许多人。阿大上前一看，原来墙上贴着一张黄纸。他不识字，也不知道写的是啥东西，就顺手撕下来。这下闯了大祸！原来那是一张皇榜，说谁能赶走蝗虫谁就能上京城见皇帝；倘若乱撕了皇榜，就犯了欺君之罪，要杀头的。阿大吓得两腿发软，哭了起来。没有办法，他只好求天神保佑。刚一开口，天上便乌云密布、狂风大作，一阵倾盆大雨把蝗虫全部赶跑了。人们拍手称快，刘阿大从此威名远扬。刘阿大带着皇榜进京见了皇帝，皇帝封他做了阴王，刘王老爷的名号从此也叫响了。[1]

这则故事中，刘猛将名为刘阿大，同许多吴江当地人一样过着半渔半农的生活，主要情节发展套用了传统继母型民间故事模式，最后回到灭蝗虫的环节，保留了传统刘猛将的基本特征。

在嘉善，刘猛将军也从元时指挥官变为当地的一个渔民。传说很久以前，在嘉善附近的荷花乡九曲里有个叫刘猛的年轻人，因为母亲早亡，继母刻薄，在家无法安生，遂投奔到娘舅家生活。刘猛娘舅家在急水桥旁，这里船多水急，经常发生沉船的死伤惨事。刘猛凭借一身好水性，经常救助落水船夫、百姓。被救起的落水者往往以粮食、布匹相赠以表感谢，刘猛则一概不收。因此，他颇受这一带百姓和过往船家的敬重。

有一年秋天，九曲里闹蝗灾，刚成熟的水稻被铺天盖地的蝗虫吃得干干净净。刘猛便带领村上的百姓一起灭蝗虫。苦战了几天几夜，终于保住了当年的收成。

刘猛死后，九曲里的百姓为了纪念他，就在当地造了一座小庙，用泥塑了一尊刘猛将神像，尊称其为刘老爷，每年祭祀庙会不断。又过了一个朝代，皇帝知道了刘猛的事迹，便追封他为"普佑上

---

[1] 《刘王老爷的传说》，载于徐文初主编《中国民间文学集成吴江县资料本》，吴江县民间文学集成办公室编印，1988年，第77-78页。

刘王殿（陈宏伟 摄）

天王"。

这些传说故事在各种方志记载中的基本情节上不断添枝加叶，使故事的发生地、情节内容、发展轨迹更加符合当地民众的审美心理，从而加速了刘猛将信仰在地方上的传播，同时也交代了他与渔民之间的深厚渊源，那么他成为这一带渔民信仰的主要神灵也就合情合理了。

在当地神歌中也保留了不少刘猛将故事，讲述刘王生平，赞颂其功业。由于神歌演唱一般需要一到两天，就有比较充裕的时间展

开故事情节，使得故事内容更加丰富。比如南六房老长生社的《刘王宝忏》故事与吴江县的又有不同，刘猛将一家似乎与运皇粮的漕运有了关系：

刘老爷的爹刘三叔，他小的时候家里很苦的。兄弟三个分家，分到一个草棚，就卖草讨生活。后来到包公子家里当"秤手"，认识了包小姐。包小姐看他老实，就结成了夫妻。他们的日子很苦，挑野菜过生活。有一天，夫妻两个在草棚里掘到一缸黄金、一缸银子。就用这个钱造房子，养小孩，这个就是刘王老爷了。过了几年好生活，包小姐去世了，刘王父子相依为命。又过了两年，刘三叔讨了一个晚娘。晚娘黑心，欺负刘王，他没吃没穿，挨尽打骂。后来，刘王被这个晚娘推到水里，淹死了。这个时候，那个早娘，也就是他亲娘显灵了，把他拖到水面，顺水流到外公、外婆家里去了。这个时候，刘王就已经成仙了，因为他已经死过一次了。

后来，外公划粮船到了东京城。东京城皇帝遭大难，三年干旱、三年大水、三年蝗虫。皇帝贴了皇榜，大家都围牢看，刘王也挤进去看热闹。一阵狂风，皇榜就落到刘王怀里了。皇帝就叫刘王去捉蝗虫了，下命令说几日几时几分，搭高台、收蝗虫。

这样一下，外公害怕了，就说你要害了我们一家了。刘王也慌了，跑到亲娘坟上哭，喊祖宗、喊亲娘救命了。夜里，亲娘托梦，要他到坟头掘出蒲扇、宝剑、金葫芦各一，带着上东京城里。

刘王到了东京城里，搭起了高台，挥宝剑，扇蒲扇，把蝗虫聚拢来，金葫芦一打开，全部都收进去了。他把蝗虫倒到水里，喂鱼了。皇帝封他大将军，要把皇位让他。刘王讲了，我不要做你这个皇帝，我要做阴间的皇帝万万年。于是，皇帝就在这里给他造庙。

刘王到了这里，收香客。他倒的蝗虫养肥了鱼虾，渔民到这里烧过香就抓得到鱼，大家特别感激他，信他的渔民比田里的农民还要多。[1]

苏州平望网船会班口直景班的赞神歌——《醉顺歌》唱刘猛将军的经历，与其情节基本相同。传说蝗虫成灾，刘承忠领兵和当地民众一起扑灭蝗虫。虫灭绝了，但百姓没有东西可吃，刘承忠又带领老百姓下湖捕鱼捉虾，因不识水性，溺死在莲泗荡中。

可见，在这一带渔民、船民的心目中，刘猛将军已然从驱蝗保田的农民之神转变成水神。时至今日，前来参会的也多为渔民和船民。

神格转变的原因十分复杂，一方面是因为刘猛将军作为驱蝗正神建庙已久，其信仰深入人心。渔民、船民和农民享有共同的文化心理背景，对刘猛将军的认同感由来已久。另一方面，在方志记载、民间传说中，不少都提到刘猛将军捉鱼捕虾，特别是"自沉于河"、

---

[1] 讲述人朱木金，记录人袁瑾。

"溺死于水中"的情节。江南一带，凡溺死在水里的好人、能人，不少都成了保护民众的水神。比如吴越争霸时，伍子胥为吴王所逼拔剑自刎，吴王令卫士将其煮之于镬后，用皮口袋盛之投入钱塘江中。伍子胥英灵不灭，素车白马立于潮头，被尊为潮神。又有曹娥，其父为巫，死于祷江，曹娥为寻找父亲遗体而投江，最后身死而负父浮江而出。乡人为她立庙祭祀，又把这条江命名为曹娥江。以此类推，把刘猛将军尊为水神，也符合这一带民众的信仰心理。

同时，渔民中流传着不少灵验传说，也在不断强化刘猛将作为水神的特质。来自常州的班口"南朝第一会"至今保留着这样一个传说：

> 原来我们的祖籍是在苏州荡门，都是打鱼的，现在是在常州。荡门那时候一个公社，总共大概两千七百多户。听我们祖辈讲，其实我们父亲这一代开始轰轰烈烈，为什么呢？那个时候，日本人已经到了苏州了，开始抓壮丁，整个我们这个帮拉进去十三个。我们苏州人早上去吃早茶，日本人把大门一封，全部抓进去了。那么家里的女人都急死了，那时候每个船都有老爷的，女的就在烧香求了，其他也没办法。求了以后，巧的事情就有了。就在苏州相门那个监狱里，逮进去以后，就有人想办法了。相门靠近大河边的地方有个铁门，就给撬开来

了，日本人就端着枪站在那里。这个时候就莫名其妙地起雾了，后来我们的人就全部回来了。回来以后，大家都说这个菩萨有本事的，这个香就鼎盛得不得了。清明的时候，这里的船不得了的。那时候，老百姓温饱都解决不了，香一定要搞好的。

王江泾一带有传说，说不知什么年代，江上航行着一支船队，夜间突然遇到了大浪，黑暗中找不到通往上海的航道，随时有沉没的危险。船民焦急万分，纷纷跪下求菩萨保佑。这时，不知谁喊了一声"赤脚刘王救命"，连喊三遍。忽然前面出现了一盏红灯，渐渐前移，船老大掌舵跟着红灯走，终于进入航道，化险为夷。从此，这些船民笃信刘王，刘王庙的影响也越来越大。

"赤脚刘王"不仅能保佑水上平安，还能治病消灾。传说吴江县渔民孙胜龙，得了重病躺在船上，有神托梦给他去求医，而且夜空中出现了一点红色的火焰。孙胜龙就跟着火焰摇船前去，走了大半夜到了莲泗荡刘王庙。他进庙祭拜一番，回去病就好了。但后来他忘了刘王关照他每年去一次的嘱咐，一年多没去，结果又病倒了。于是，他赶忙去刘王庙上香，从此每年春秋两季不忘去刘王庙祭奠刘王，一家老少都健康平安。老渔民都说赤脚刘王是个瘌痢头菩萨，他向人们讨香火，谁不供奉他就叫谁生病，所以渔民都不敢得罪他。

由此可见，水上生活的漂泊无定、疾病以及突变的天气，时时威胁着渔民、船民的生活，刘猛将军的神力深深吸引着他们。

[贰]刘猛将的亲属神

金老爷　刘王庙中仅次于刘猛将军的是金府安乐王，按渔民的说法，这位神灵是刘王老爷的娘舅——金老爷。金老爷也在保佑渔民、船民水上生活的安全。

这位娘舅在《刘王宝忏》的故事中扮演了十分重要的角色。刘猛将军幼年丧母，屡遭继母刁难欺凌，后来逃到外公家，全凭娘舅

舅公（金老爷）祠（陈宏伟 摄）

照料。对刘猛将军而言，娘舅的恩情大过天，"外公外婆无恩报，封他田公田母神；我家娘舅无恩报，封他天上大将军"[1]。事实上，娘舅是渔民家庭中最重要的亲戚之一，在太湖渔民婚宴中，"背靠大桅杆面朝船头的是上席，由娘舅坐，所谓'娘舅靠大墙、姑父倚二檩'"[2]。

二老爷、三老爷　刘王庙正殿中的刘猛将被称为"大老爷"，其塑像两边分别为"二老爷"和"三老爷"。"二老爷"姓朱，《刘王宝忏》中提到他是继母带进门来的异父异母兄弟。"三老爷"大约是刘猛将军从军时代结下的义弟。除此之外，尚未搜集到关于他们身份、来历的传说。

[叁]先锋信仰

20世纪50年代以前，莲泗荡刘王庙刘王菩萨神像脚下摆着不少小像，称为"先锋"。所谓"先锋"都是一些已经故去的香头，这些人曾为庙的建设、庙会活动组织做出过较大贡献，在当地颇有名望，他们死后都可以入庙，拜为"先锋"，继续为刘王老爷办事。

先锋像可以分为两种，一种是涂金漆神仙样式，只有那些名望高、获得大多数班口认同的香头死后才可以塑成这种样式。另一种

---

[1]　《刘王宝忏》有多个版本，此处采用王水《江南民间信仰调查》后附录的版本，流传于吴江黎里地区。宝忏的主人公名刘佛。

[2]　高梁，《旧时江苏渔民的习俗和宗教信仰》，《古今农业》，1991年第2期。

祭拜先锋（陈宏伟 摄）

是黑衣像，为清代衙门皂隶装扮，或是身着民国时的黑衣宽檐帽，这一类是普通先锋，一般香头都可以充当。先锋的尺寸也有讲究，一般第一年放进去的时候比较小，隔几年像的尺寸要变大一些，表明他的神力增加了。

除了香头外，原本香会中的人去世后，也会被附会为刘猛将军的亲属供奉在大殿内，称为"公子"、"夫人"、"小姐"等。金丕操在《莲泗荡刘王庙的来由》[1]一文中记录了一个故事：传说清朝末年，

[1]　朱一迅，《灵验与权力的双重建构》，华东师范大学硕士论文，2014年。

塘汇和栖真交界的地方有一个姑娘,生得十分漂亮,身体也很健康。有一年,姑娘和家里人一起到刘王庙烧香,一个头磕下去,突然就死了。巫婆说这是刘王老爷要娶她为妻。于是,姑娘家里人在村里人的帮助下,立即准备嫁妆,送到刘王庙,并在大悲庵东首布置新房,为刘王成亲之用。

四、网船会的民间组织

在江南网船会上，共同信奉刘猛将军的渔民、船民乃至农民也组织起各种民间信仰团体，当地称为『班口』。班口是渔民、船民、农民参加庙会，进行祭祀活动的基本组织单位。二十世纪二三十年代以来，围绕网船会，各地渔民、船民中有许多班口在活动。

四、网船会的民间组织

历史上，民众走出家门，参与朝山进香、迎神赛会等信仰活动，主要是以香社、班口等组织形式实现的。香社，也可以称作"香会"、"班社"、"班口"等，是拥有共同信仰的民众自发组织起来的民间信仰组织，这类民间组织在各地传统庙会中十分活跃。

在江南网船会上，共同信奉刘猛将军的渔民、船民乃至农民也组织起各种民间信仰团体，当地称为"班口"。班口是渔民、船民、农民参加庙会，进行祭祀活动的基本组织单位。20世纪二三十年代以来，围绕网船会，各地渔民、船民中有许多班口在活动。这些班口，有称社、班、会、房的，也有称香会的，以地域、宗族、职业划分界限，共同参与网船会。

[壹]班口的起源

由于年代久远，缺乏文字记录、实物，不少班口的起源已经很难详细考证，从目前搜集的资料来看，网船会班口的鼎盛时期可能在20世纪三四十年代，这与网船会本身的兴衰历史是一致的。

据民间文艺家王水调查，20世纪30年代以来，上海有虹口港摆渡船新公门舍，吴淞、崇明渔船社江海社，日晖港货船社。每年网

热闹的信众聚会（陈宏伟 摄）

船会，这三大社都组织几百艘大小船只，上千人员，齐赴莲泗荡。另外，当时吴江、吴县有渔民信仰社团二十多个，其中吴江新公门社约十七户，太湖长生社约三十四户，嘉兴长生社约两百多户，吴县横泾先锋社约十四户，吴江八坼义务社约十户，平望金家社约十八户，石湖大社约八户，北六房（太湖）社约八十户，苏州内河大锣班约五十户，光福丝网渔船公兴班约五十五户，共十五社团，不下六百户。以每次赶会每户人家不下五口计算，当时吴江、吴县一带参加庙会的渔民不下三千人。[1]

这些班口因刘王信仰而兴起，它们中间有不少传说多与刘王老爷显灵有关。这一类传说通过刘王的灵验事迹，赋予社团在网船会上的正统地位，进一步强化维系社团的信仰力量，同时也从一个侧面反映了当时渔民、船民的生活情境。比如新塍老公门中有这样一个传说，说嘉兴新塍镇许李等八户人家为了躲避太平天国战乱向东逃难，途经王江泾莲泗荡刘王庙时便向刘王许愿，承诺若是化险为夷，一定重金酬谢老爷。脱险后，他们便为刘王塑像打造了白银头盔。这就是新塍老公门社的来历，在网船会上它也是资格最老的社团之一。

渔民、船民终年漂泊、居无定所，拜神结社现象十分普遍。根据目前的资料，大约可以推测网船会班口与旧时的水上帮会组织有一定联系。

[1] 王水，《江南民间信仰调查》，上海文艺出版社，2006年，第53页。

网船会班口（陈宏伟 摄）

　　苏南、上海、杭嘉湖一带的渔民、船民部分原是漕运水手。清代初期，朝廷主要通过漕运运送皇粮，当时"每年运到北京的粮食共有四百多万石，运粮船只经常有一万二千艘，水手十万户，大约二三十万人，连同他们的家属，所谓仰食者千百万"[1]。后来由于太平天国战乱阻断漕运等原因，朝廷弃漕运而改海运，以后又有官督商办的招商局总揽海运，漕运水手纷纷失业。早在清雍正年间，长江中下游几十万漕运水手和把头中就有"安庆道友会"、"清帮"等秘密组织。调查中发现渔民中仍有以清帮始祖潘清为祭祀对象的，有的自认为先祖是"运皇粮的有功之臣"，在刘猛将军的传说中也有不少运粮的情节保留。可见，渔民、船民至今仍有漕运运粮的记忆保留。

　　民国初期，红三教也在太湖流域活动开来。"'红三教'由苏北籍渔民来太湖后传入，先在本帮中传播，逐渐在太湖渔民中渗透扩散，发展成为太湖渔民中较大的一支教会组织。"[2]在《太仓县志》、《常州市志》中都有相关记载。20世纪五六十年代的政治运动中，不少太湖苏北籍渔民、吴县渔民班口香头多被冠以"红三教教头"称号，可以推测他们与"红三教"存在某些联系。

　　近代以来，"苏州兴隆帮"也是活跃于苏南的几个较大的渔业

[1]　王水，《江南民间信仰调查》，上海文艺出版社，2006年，第54页。

[2]　陈俊才，《太湖渔民信仰习俗调查》，载《中国民间文化——稻作文化与民间信仰调查》，上海民间文艺家协会编，上海文艺出版社，1992年，第83页。

帮之一。它"得名于吴江长龙桥庙中的兴隆神。兴隆帮渔民的渔船为中等，在20—30吨大小"[1]。"兴隆社是太湖小船渔民中范围最广、影响较大的一个组织……在东太湖渔民中有香客一百四十多户，在苏州市郊等内河渔民中也有信徒。下有五个香头，分别控制各地香客……"[2]在当代莲泗荡网船会班口名录中，以"兴隆"为名的班口多达十一个，其与兴隆帮的关系值得进一步研究。

此外，江苏各地失去土地的农民和流散的渔民也是班口成员的来源之一。近代以来，由于战乱和水灾，苏北洪泽湖、里下河流域的农民和渔民有沿运河、长江南下的趋势；无锡、吴县、常熟的渔民和农民也有乘船移往上海的。这些人不仅在上海各县从事捕鱼和运输业，也深入杭嘉湖平原水域。天长日久，他们也开始参加当地的庙会和祭祀活动。比如20世纪30代左右，有江海社从福山褚老大庙会转投刘王庙，主要是吴淞、崇明一带的渔船。长江渔民和日晖港船民还在蕰藻浜和日晖港建过刘猛将简庙。

[贰]班口的组织形态

1. 班口的结构

20世纪三四十年代是网船会班口最为兴盛的时期，当时共有

---

[1] 李勇，《近代苏南渔业发展与渔民生活》，苏州大学博士论文，2007。

[2] 陈俊才，《太湖渔民信仰习俗调查》，载《中国民间文化——稻作文化与民间信仰调查》，上海民间文艺家协会编，上海文艺出版社，1992年，第90页。

一百零八个班口，并以莲泗荡长虹桥为界，形成了南北两朝班口，两者共同构成了网船会班口的主体。

南北朝之分与刘猛将"普佑上天王"的身份有关。关于这个问题，渔民是这样描述的：

> 刘王菩萨，刘承忠是大官，皇帝封他"普佑上天王"，他还是皇帝，管莲泗荡这一片的。皇帝分南北两朝，莲泗荡也分南北两朝，一样的。然后再有六房，具体管的。南六房管南朝的事，相当于管文官的；北六房管北朝的事，相当于管武官的；庙里还有一个内六房，这个就好比内务府，管庙的。[1]

"六房"，连同"三班"，本是明清时代州县吏役的总称，具体指吏房、户房、礼房、兵房、刑房和工房。县衙六房与中央六部相对应，对地方进行管辖。网船会上六房的设置明显带有仿效的意味。在香头的叙述中"南朝"是文的，"北朝"是武的，他们的仪式也略有不同，总的来说，"南朝"班口的仪式性相对弱一些，以赊佛、唱神歌为主，巫术仅笃苔（即占卜）。"北朝"香会在仪式上巫术性则更强，有跳大神、封口、咬种蛇等方式，并有各类巫术驱鬼治病。

---

[1] 口述人陈阿金，原南湖乡许家村渔民，现居嘉兴市南湖区。采访时间2012年3月30日，地点莲泗荡刘王庙前，记录人袁瑾。

南六房长生分社（陈宏伟 摄）

北朝班口以北六房为代表，主要来自吴江、苏州、无锡、常熟、昆山及上海南汇一带，较有影响的班口有公门社、兴隆社、香亭社等。南朝班口以南六房为代表，主要分布在嘉兴、平湖、桐乡一带，尤以嘉兴地区分布最为密集。

由于莲泗荡刘王庙的信众以苏南、浙北的小船渔民为主，"南朝"班口在数量上要胜于"北朝"，刘王庙通常以"南朝"为主，"北朝"为客。这也符合以文为尊的传统思维习惯。

除此之外，渔民口中相传莲泗荡本地有一个内六房，专门负责刘王庙事务。但是当地民主村的老人中却流传着另一种说法。他们说刘王庙最早并不在如今的所在地，而是在民主村以北一个叫"五圣堂"的地方。后来因为看中莲泗荡这里七路进水、一路回水的好风水才搬迁至此。王江泾徐长汇和王家浜当地的村民和渔民就组织起一个叫"四社会"的会社，当年就是他们管理着刘王庙。[1]不论是内六房还是四社会，都没有留下传人，或者只言片语的记录，因此无从考证两种说法孰对孰错。但我们可以肯定的是当年确实存在过一个由莲泗荡本地村民组成的会社，专门管理刘王庙内的日常香火、解签、盖印等大小事务。

南北六房与一百零八个班口之间并没有明确的隶属关系，重大

[1] 朱梁峰、陈苏，《民间社团：狂欢的主角》，载《嘉兴日报》2012年4月6日第13版。

的祭祀、出会、庙宇修葺等事宜都是由南北六房召集各大班口香头共同商议的，钱财物则由一百零八个班口共同承担。南北六房在其中主要起到召集、协调、组织的作用，相互之间也有一定的分工。

旧时南北六房的分工十分明确。南六房主要负责组织刘王庙的祭祀活动，它是刘王出会的发起者，因此又被称为"起朝点"。北六房主要筹钱，用以维持庙里的常规开销，以及满足庙宇修缮等大笔款项的需要。出会时，还要负责莲泗荡内船只的停泊和管理。每年南北六房都要主持开印、封印仪式。仪式上，除了祭拜神灵外，这时候还要商议解决诸多日常事务，因此通常都是几个较大的班口来参加。

2. 班口的名称

每个班口都有自己的名称，这些名称一般都沿袭传统、约定俗成，香头不能擅自更改。若出于某些原因必须更改班口的名称，则需要经过庙上以及其他大班口的共同认可，"自己乱来，人家不认可，就不给你烧香了"。

班口通常以"社"、"房"、"班"、"门（堂门）"、"帮"、"分社"等命名。"房"无疑代表班口的最高等级，能够包含"社"。但是"房"中的"社"有独立的香头，所谓的包含关系也只是名义上的。

就实际情况而言，"社"和"房"的历史比较久，规模也比较大；

石湖大社分社（陈宏伟 摄）

先锋提香社（陈宏伟 摄）

"班"、"门（堂门）"、"帮"等则在"社"、"房"之下，有不少本身就是从大社、大房中分化出去的。比如"暖轿班"、"大旗班"、"音潮班"等都归属于北六房，老兴隆社有"徐家公门"、"周氏堂门"等。总的来说，班口的命名并没有严格的限制，班口的规模、财力往往成为其中重要的因素。当"社"发展的规模大了之后，可以升格为"大社"，比如"新义大社"原名"新义社"，同样的还有"石湖大社"、"永兴堂江海随粮王公兴大社"等。而"班"发展壮大后也有可能独立出去。

班口的命名长久以来也形成了一些惯制。

首先，名称要能体现这个班口的"特色"，叫得响。当地人口中的"特色"，实际上指的是各个班口在刘王菩萨祭祀和巡会中所承担的不同的任务和表演项目。"特色"反映了不同班口的实力和其在网船会上的作用、地位，因此格外受到重视。比如苏州的家丁班以扮家丁出名；平望的直景班以唱赞神歌拜忏为主；王江泾虹阳村的旗牌班负责在巡会中举牌扛旗；苏州东坊的龙旗班因几面大龙旗而得名；嘉善的先锋提香社善于表演扎肉提香炉，引得众人围观叫好；昆山的香亭社以六角香亭焚檀香，为刘猛将军献祭；湖州新市的解差社专门扮解差护卫刘猛将军。此外还有吴江八坼的龙虎队、嘉善西塘的巡捕社、苏州菱苕镇群立村的大旗班、吴江芦墟的旗伞社、吴江平望的莲花社等二十余个班口，都在名字中表明了各自班口的看家绝活。

其次，班口以祀神为首要任务，就以其祭祀的主神命名。有的班口除了祭祀"普佑上天王"刘猛将外还有专门供奉的神祇。比如苏州万荣的"二爷社"、"北六房二爷社开箱船"、"大爷二爷新社"就是专门供奉刘王老爷的二弟；"公子社"、"苏州阳澄湖公主社"专门供奉刘猛将的子女。刘猛将的亲属神都为这一带的独立小神，班口通常会出于"沾光"的心理，与刘猛将建立关系，增强班口本身祭祀神的正统性，抬高神格。

另外还有一些地域分布较为集中，家族血亲关系较为紧密的班口则会在名称中加入地域名或者香头家族的姓氏，以表示身份。前者如苏州金家桥南桥班、莲泗荡嘉兴班、乌镇共和社、苏州阳澄湖公主社、苏州王家南桥班等。后者较为典型的有震泽吴家老社、老兴隆社徐家公门、老兴隆社周氏堂门等。

事实上，为了能够最大限度地传递信息，班口的名称常常综合了"特色"、神祇、地域、家族姓氏等几个因素，比如苏州吴中有二爷社护香班，同里有沈氏堂门公子社，苏州有北六房大社大旗班、苏州北六房音潮班等。

一些班口的名称也反映了彼此之间的联系和分化。以"南六房"为例，起社之初，南六房集中在嘉兴南门外，20世纪50年代前后，南六房渔民分散到了凤桥、嘉北、七星、曹庄、塘汇、东栅等地，南六房也就被拆开了，分出不少班口来。如今登记在册的有南六房，南六房分长生社、南六房长生分社、嘉兴南六房老长生分社、嘉兴南六房麦弓老长生社五个班口。[1]另一大社北六房，则有北六房、北六房二爷开箱船、北六房沙家浜暖轿班、北六房苏州虎丘暖轿班、苏州北六房北大社、苏州北六房大社大旗班、苏州北六房音潮班，此外还有太湖北六房、太湖北六房工艺长生社，共九个以"北六房"命名的班口。[2]另外太湖流域有"兴隆"和"宫（公）门"两系班口，规模也很大。"兴隆"系的有老隆兴社、老兴隆社徐家公门、老兴隆社周氏堂门和太湖兴隆社等；公门社如今也有松江的上海老公门社、老公门常州兴隆帮、老公门社兴隆帮、新塍老公门社等。

此外，"公兴"、"新立"、"公义"、"新义"等字样则表明该班口是由几位有脸面的人物将一些零散的渔民、船民香客聚拢形成的。

3. 香头与香客

香头就是班口的负责人，顾名思义，凡是带领一群人去烧香拜

---

[1] 南六房在嘉兴烟雨楼一带；南六房分长生社在嘉善魏塘钱桥村；南六房长生分社集中在吴江震泽渔业村；南六房老长生分社集中在吴江八坼渔业村；南六房麦弓老长生社分布于吴江、平望、盛泽、海盐一带。

[2] 北六房集中于吴江八坼渔业村；北六房二爷开箱船集中于苏州娄门苏安新村；北六房沙家浜暖轿班集中于常熟唐市；北六房苏州虎丘暖轿班集中于苏州新庄二村；苏州北六房北大社集中于苏州国泰新村；苏州北六房大社大旗班所在地不详；苏州北六房音潮班在苏州渭塘渔业村；太湖北六房在苏州吴中区横泾一带；太湖北六房工艺长生社在吴江庙港渔业村。

佛的那个头领人物习惯上都被称为"香头"。在网船会的班口里，香头通常负责本班口经济、组织、敬神祭祀等方面的事务，是本班口信仰事务中最有权力的人，也是香客们最信任的能人。

记名造册、收取会费、管理账目，是香头最重要的日常工作之一，有的大班口中，也有专门的会计负责这方面的具体事项。香客加入或是退出班口都秉持自由、自愿的原则。当有班口成员介绍新香客加入班口时，香头都要"看一看"，或在神灵前掷爻占卜。通过后，就将新成员姓名等信息记入名册，有的班口还会制作水牌。班口香客缴纳的会费则由香头统一造账，用于共同消费。

每到网船会前夕，香头就会与庙方沟通，确定参会的时间、表演的节目、祭祀的流程等环节，有时也提出香客的一些要求，起到庙会、香客间的桥梁作用。同时，香头也要开始"带班"，即联络香客，置办共同祭品，组织一部分香客准备娱神的表演节目，解决交通、住宿等问题。在整个祭祀活动中，香头要具备足够的仪式知识，能够为整个班口提供必要的仪式服务和指导。有序排列祭祀的队伍，布置神台，安排供品、香烛，拜忏等。有的香头本身就是神歌手，有的香头熟知占卜及各种俗规。

因此，香头一般在地方上具有一定的威望，被认为是个"能人"。他具有较强的组织、沟通、协调能力，熟悉祭祀的礼仪流程和本地人事，为人要公正、仗义，有较强的号召力以及一定的经济能力。

香头基本是家族内传承，一般来说父子相承，长子不愿继承时，则由幼子继承。若是只有女儿，则传给女婿，但女婿必须改姓，并对外称是这家的儿子。如果香头无后嗣，或者后嗣不愿继承香头的位置，则可以在父系家族内部另行寻找继承人，兄弟、子侄等都可以。旧时，不少班口都有一本金折，上面记载着历代香头的一些信息，如今大多不存。

香头个人的能力和影响力在班口运作、庙会组织过程中发挥的作用不容小觑。20世纪二三十年代，网船会上出现过一位很有名的香头——章天林。至今，老一辈的香头提起他还会啧啧称赞，说他"的确是个很有能力的人"。

章天林1900年出身于苏州山塘街的一户渔民香头人家，他家的班口称为"莲泗荡令班"。与许多渔家子弟继承父业继续捕鱼不同，章天林很小就前往苏州灵岩山庙中修行，并结识了上海一带的社团、帮派。他终身习武，一直到八九十岁还依然绑裤腿，每天习武。据说他的功夫不错，受到江南一带"打拳击"（即"习武"）人的尊重。尽管章天林从未受过正规的教育，他却继承了江湖人的传统品质。他为人谦和忍耐，在面对别人的挑衅时也总是忍让在先，不到万不得已绝不出手。同时，他身上又有劫富济贫的江湖豪气，遇到贫苦渔民缺医少药，或无钱殓葬时，他就去富户家中，要富户拿出钱来，以富户的名义捐赠，帮助贫苦者。因此，他在王江泾、吴江、嘉兴、上海一带名声很大，人脉较广。

当年，章天林的令班主要负责维持庙会时各个班口的秩序，协调解决矛盾冲突。尽管网船会期间各种秩序约定俗成，各个班口只要按部就班执行即可，但由于参会人数、船只过多，有时难免会出现各种意想不到的情况。比如庙会期间船只的停靠就是个大问题。众多船只往往将莲泗荡围得里三层外三层，来得早的船往往会被堵在里层，将近一个月出不去；来得晚的班口又不得不把船停在离庙很远的地方。另外，班口插旗的位置、出会的前后顺序等都有可能发生纠纷。这些问题通常都由章天林来协调，均能得到妥善解决。因此，当时有不少香头让自己的子女认章天林做义父，以求得到他的庇护。

20世纪80年代以来，网船会各个班口陆续恢复，在班口的重新组织过程中，香头也起到积极作用。

[叁]班口的活动

网船会班口的主要功能是为了到刘王庙烧香，祭祀刘王菩萨，由此形成的一系列祭祀仪式是班口活动的核心内容。

1. 祭祀的时间

刘王庙一年四季香火不断，多为香客们零散前往。班口到来较为集中的是清明和八月十三两次庙会。

清明庙会的时间随当年清明的时间而定，当地有"二月清明，廿七廿八；三月清明，初二初三"的说法。若当年清明在农历二月，庙会就在清明之后三四天；若清明在农历三月，庙会则在清明之前三四天。

清明庙会是一年中"最兴"的一次，一百零八个班口齐聚，祭拜刘王，并且会有各种表演。船只到达后都停泊在庙前的莲泗荡内，渔民们则烧香拜菩萨，顺便会会亲朋好友，热闹非凡。另一次农历八月十三则是当地传说中刘王老爷的诞生日，照例会有班口前来祭拜，只是规模略逊于清明。农历八月十二和十三两天，庙里还要举行开光仪式，俗称"洗面"，由南六房主持，北六房等几个大班口都会到场。仪式并不复杂，主要就是洒扫掸尘，给刘王菩萨神像掸掸灰尘、上新漆、穿新衣。

班口也可以根据实际情况改变祭祀的时间。比如常州一带的南朝第一会通常选在每年正月十五左右前来祭祀，借此避开清明前后长江上捕鱼最繁忙的时节。为了方便到其他庙里烧香祭祀，2012年麦弓老长生社选择农历八月初八到刘王庙烧香，作为班口下半年烧香活动的第一站。

2. 祭祀的准备

以清明庙会为例，班口一般都会在庙会前一天赶早出发，大约在下午时分陆续抵达。抵达后，就要开始准备烧香祭祀诸般事宜。

停船　班口到达刘王庙后，首先停泊好船只。旧时，船舶的停靠

泊船（陈宏伟 摄）

有条俗规，每个班口都有自己固定的位置，年年都停在这里，不能随意更改，否则极易引起班口之间的纠纷。大班口的船在前，靠岸停，小班口只能跟在大班口后面，停在外层。船和船之间要搭跳板，方便船上的人往来。

竖旗口　泊好船，班口就要安排好旗口，插旗杆。旗口一般设在岸上，与班口的船舶相对应，也有在船上插旗的。按照老人们的说法，旗口也是有讲究的，排列好的，不能随意更改。但如今这种观念也淡化了，一般按照先来后到的顺序，自行选择旗口的位置。

班口的旗帜都为三角形龙旗，有大中小三种。大旗一般高约10

到15米，插在班口船头正前方，以红、黄、绿、白四色为主，配以不同色彩的锯齿边。旗面中央双面绣金龙戏珠图案，龙的条数有一、二、九三种。大旗左侧绣有刘王神号与班口名称、起社时间等，比如"南朝刘府上天王　石湖大社"、"普佑上天王　莲泗荡二爷社　苏州庚午年四月"、"浙江莲泗荡普佑刘府上天王　嘉善吴家吴兵社敬"等。中型旗帜一般高约4—5米不等，形制图案如大旗，一般插在船头、船身处，一条船往往有三四面不等。小旗适合手持，形制、图案更加简单，插旗的位置并不固定。

升旗　升旗在第二天早上八点左右进行。班口的旗帜由成员轮流保管，升旗也由当年保管旗帜的人家组织。仪式并不复杂，时辰到，点炮、敲锣打鼓，几个人就可以先把大旗升起来了。负责的人家这时要拿出预备好的烟、点心、茶，慰劳一下前来帮忙的班口其他成员。

大旗升好后，中小旗帜也陆续被插上。届时，莲泗荡水面旗帜高低错落、色彩艳丽，场面十分壮观。

供品　班口的供品丰俭不一，常见的有猪头三个、蹄髈、肋条、素猪头、鱼、糖、果、锡箔、黄元、小钞（钱粮）、金元宝等。香客个人也要准备一些香烛供品，基本上以猪头、锡箔为主。

香牌　当地也叫"文书"，烧香时烧给神灵。"文书"的内容主要是向神灵报告，献祭的目的要求，献祭的供品、人员名单等，以求神

迎风招展的三角形龙旗（陈宏伟 摄）

丰盛的供品（陈宏伟 摄）

灵保佑。网船会上，根据献祭者身份、目的的不同可分为三种：大香牌（也叫"大文"）、还愿香牌、小香牌。香牌一般用红、黄两色纸，毛笔书写，大香牌用于班口集体烧香祭祀，有南六房麦弓老长生大香牌两幅，抄录如下：

```
各座山头总灵神
江浙二省各地城皇太湖总管
大庙小港总灵神
朱家各堂神各靠极
阴朝文书沈斋堂
麦弓长生社社社长胡阿根率香客
礼物供应大祝两个菜盘合用
芽盘不尖全套银两银子满足
供香名单
菀坪 ×× 平望 ××
东山 ×× 上海 ×× 金家坝 ××
八坼 ×× ×× 吴江 ×× ××
保佑九十四户香客
一年四季人口太平生意兴隆
当手人××
落笔人××
```

```
当方房明土地
东朝杨爷妹妹
北朝大城皇小城皇
北朝上方山老太公主小姐
各座山头总灵神
江浙二省各地城皇太湖总管
朱家各堂神各靠极
礼物供应大祝两个菜盘合用
芽盘不尖全套银两银子满足
供香名单
菀坪 ×× 平望 ××
东山 ×× 上海 ×× 金家坝 ××
八坼 ×× ×× 吴江 ×× ××
保佑九十四户香客
一年四季人口太平生意兴隆
当手人××
落笔人××
```

还愿香牌（南朝第一会）：

> 爱友一泗天下　南瞻仰部洲
> 神门法师　中华人民共和国
> 南朝刘府上天王大二三老爷
> 因香客××身体不适
> 全靠大老爷保佑故持
> 还愿供上锡箔二十四块
> ××
> 还愿文书
> 望南朝刘府上天王保佑其全家
> 人口太平四季平安生意兴旺
> 中华人民共和国二〇一三正月十六十七

个人香牌比较小，行文内容比较简单。总的来说香牌包括三块内容，以左起为例，范式归并如下：

开头部分	主体部分	结语部分
吉祥套语 神灵名称	供香者 （缘由） 供品	保佑心愿 时间 （落笔人）

　　按照惯例，香牌必须由香头（有的也叫"先生"）书写。下笔不能更改，若有笔误，则要全部重来。特别是大香牌上要按照入会顺序依次记录每户人家各人姓名，往往有一两百个，全部书写完需要一天左右的时间。对于班口成员来说，香头写还愿香牌、小香牌是不收取任何费用的。但对其他香客，则要一份"喜钱"。

　　大香牌，有的班口会在刘王菩萨前宣读，然后烧掉，有的班口在神像前供一供，带回本班社，供待佛用，待仪式全部完毕后另行烧掉。还愿香牌、小香牌则在香客献祭时一并烧给菩萨。

　　至此，烧香祭祀的准备工作基本完成，接下去就要烧香、待佛了。对班口来说，最重要的就是烧公家香和待佛拜忏。

3. 烧公家香

　　香客以班口为单位集体烧香，称为"烧公家香"，也叫"烧公堂香"，一般在班口到达后第二天早上八点前进行。

　　出发前，班口照例点炮召集香客，列队，首先准备到刘王庙里走一圈，称为"穿堂"。穿堂的队伍繁简不一，全凭班口的实力。以麦弓老长生社为例，红色会牌打头，身后是一面红底黄边的三角形"开路旗"。这面开路旗如令旗般大小，其后又有两面长约1.5米的三角形开路旗。一面红底黄边绣蓝龙吐珠，一面绿底黄边绣金龙吐珠，旗上都有"南北四朝朱家香客开路旗"字样。开路旗后，队伍正中两人拉开一面红色缎面流苏长方形会旗，上

班口点炮集合香客列队，准备"穿堂"（陈宏伟 摄）

有"嘉兴南六房麦弓老长生社"大字，队伍中又有其他红黄旗帜，声势很大。

旗帜后边香客抬着供品，一担猪头、酒、鱼，一担干湿果品，一担香烛锡箔。供品后是锣鼓队，有两面大锣、一面鼓、四五小锣，还有钹等。其后还有两名香客挑着一大担黄色纸钱，这是要在穿堂时烧给刘王老爷的。队伍的最后就是持香的香客，香头则走在队伍的最前面。

队伍从刘王庙大门进入，到殿内献上供品，香头宣读"大文书"，香客轮流进香磕头。再到殿前的空地上兜三个圈子，一边走，一边放鞭炮、敲锣。最后从大门出来，整个过程大约持续三十分钟。

由于班口数量很多，他们敬献的供品并不会留在刘王殿里，而是先在菩萨面前过一过，就会随队伍一起被抬出刘王庙，回到班口驻地，以备其后的待佛仪式使用。至于大香牌，有的班口当场烧给刘王老爷，有的班口则带回驻地，供于香案前。

烧公家香，香客们都会自觉参加。但是也有一些香客出于种种原因，不能严格遵守班口规定的进香时间，或缺席、或迟到早退，对于这一类现象班口就要出面罚锡箔作为惩罚了。南朝第一会规定凡不来者，每户罚锡箔十二块，早退者罚六块。所罚锡箔则以班口的名义献给刘王菩萨。

4. 待佛拜忏

待佛是班口在各自驻地为刘王举行的祭祀仪式，有的在船上，有的在岸上租房进行。待佛拜忏先要布置神台。先挂好马幛，马幛上有刘王老爷、观世音、玉皇大帝等神灵，以及当地人较熟悉的地方神，按照某种神界体系安排陈列。然后摆供品，供品要干湿搭配。先放水果、糕点，再放猪头、全鸡、肋条，然后是炒菜，六素、十四荤，共二十个菜，最后，倒上黄酒。

拜忏，也就是通常所说的祭祀仪式，一般从上午十点钟开始，延续到晚上十一点才结束。一般由两位神歌先生轮流主持仪

拜忏（陈宏伟 摄）

式，并演唱赞神歌，赞神歌一般没有本子，全凭耳听心记。唱的时候先请神，请神请一两个小时。第二段唱故事，就是刘王老爷的故事，唱大老爷出生，被后娘虐待，赶蝗虫，就是叙述他受的苦，纪念他给老百姓做了什么好事。细节上每次都不完全相同，但是内容大致一样，要把刘王老爷受的苦、做的好事说出来。第三段送神，表示把所请的神灵一一送回。这样一来，待佛拜忏的仪式也就完成了。

[肆]班口的冲突和管理

为了最大限度地获得菩萨的神力，班口之间有时候也会发

生矛盾，甚至发生抢夺菩萨的事件。陈福珍老人讲述了这样一
个故事：

> 大概就在新中国成立前两年，在王江泾长虹桥那边发生过打
> 架事件。当时，上海的江海社和公民社在吴淞口那边造了一个刘王
> 庙，据说菩萨不灵的，就到莲泗荡来请菩萨。菩萨到了长虹桥东面，
> 放在河滩上，他们铺一个跳板就要抬刘王菩萨过运河。结果，长虹桥
> 这边的渔民就不高兴了，想想看上海人平时欺负他们，又来抢菩萨，
> 就这样打起来了。[1]

刘王菩萨出会时，人们抬着菩萨要到每一个班口的船上过
一过，为了抢夺更好的停泊位置，旗口、班口之间有时候也会产
生一些冲突。其中的原因除了抢夺信仰的资源外，也与渔民之间
的利益冲突有关。这一带班口主要都是渔民组成的，平时大家捕
鱼，虽然没有明文规定水域范围，但还是存在一些约定俗成的捕
鱼范围。比如上海吴淞一带的渔民就禁止王江泾一带渔民摇船过
去打鱼，双方在渔业资源的占有和使用上存在摩擦和纠葛。王江

---

[1]　口述人陈福珍，1939年出生，原南湖乡许家村渔民，现居嘉兴市南湖区新丰镇
　　　新丰南1组。采访时间2012年8月7日，采访地点王江泾莲泗荡刘王庙接待室，记
　　　录人仲美文。

泾一带渔民就对"我们这里的小船不好到上海这种大地方去"这种说法十分反感。抢夺菩萨、抢夺旗口，自然成为这种矛盾的爆发点。

然而网船会毕竟顶着祭祀神灵的名号，若是发生冲突，班口的香头们自然要出面调停，另外网船会上还有一个"令班"，专门维持秩序。

"令班"和别的班口有所不同，只有一家人，一面令旗。令旗呈三角形，黄底，绣有金龙、"普佑上天王"字样，中间有一个"令"字。旧时，令旗上还有嘉兴府的大印。现年六十五岁的章宝根老人是令班第十一代传人，他是这样解释令班的作用的：

> 出会的日子乱得不得了，没有人压牢的话，不行的。以前，全靠我爷爷的这面令旗。随便怎么打，我爷爷一到，就不打了。……老爷出会，令班就来回跑的。假使有人吵起来，看到了，要叫他回去的；旗乱插，要叫他拿下来的。这么多班口的大旗见了我这面小旗都要怕的。他们人是不认识的，只认这面旗子的。[1]

---

[1] 口述人章宝根，1950年出生，江苏吴江黎里渔业村村民，网船会令班负责人。采访时间2012年8月7日，地点王江泾莲泗荡刘王庙食堂内，记录人袁瑾。

　　事实上，班口之间的冲突并不十分常见，按照当地人的说法，大家都是来拜刘王的，都要向善的，可见这种信仰对信众的行为有一定的约束力。

五、网船会的民间艺术

江南网船会期间，信众们自行准备龙袍、宝剑等，把刘王爷打扮得威风凛凛。各类民间文艺表演十分精彩，其中最引人注目的有唱赞神歌、《刘王宝忏》、山歌，踏白船，船拳表演等。

五、网船会的民间艺术

庙会是民间艺术的土壤，除了祭祀仪式、香火外，庙会还有各类精彩纷呈的艺术形式，借以酬神、娱神，进而娱人、聚人。庙会上的民间艺术形式可以分为戏曲、舞蹈、杂技、歌曲、武术等类型，这些内容集中体现了当地信众的艺术个性、表演水平和审美趣味。

舞龙（陈宏伟 摄）

　　网船会期间，信众们自行准备龙袍、宝剑、紫金冠、九龙冠项链等，把刘王爷打扮得威风凛凛。出会时，各个班口都要亮出自己的旗帜，好好炫耀一番。神像后边是舞龙、踩高跷，不少信众装扮成戏曲人物，还有一些穿红衣裙充当罪人的还愿者。要是碰上阴雨天，他们就把刘王塑像抬到船上，敲锣打鼓，浩浩荡荡地进行水上游行。此时，大运河的长虹桥下则要举行踏白船比赛。各村各乡自备小龙船，在宽阔的水面上开展竞赛。各类民间文艺表演十分精彩，其中最引人注目的有以下几种。

[壹]赞神歌

　　网船会有唱赞神歌的习俗，又称待神、待佛，或写作赕神、赕佛，指的是一种祭祀仪式。赞神歌，大多是神灵的赞歌，一般在刘王庙会、四时八节的时候演唱。内容多为劝人为善、惩恶扬善，主要是为了酬谢神灵。据老人回忆，旧时凡出会抬刘猛将巡行，神歌手便与另一些和歌者组成一个方队，一边行走一般唱歌，不使用任何乐器，只是清唱。

　　此类祭祀民俗的起源应该是十分古老的，有人以为它与我国古代的"社"和"傩"有一定的渊源关系。明代陆粲《庚巳编》卷五"说妖"云："吴俗所奉妖神，号曰五圣……祭则杂以观音、城隍、土地之神，别祭马下，谓是其从官。每一举则击牲设乐，谓之'茶筵'。尤盛者曰'烧纸'。"所记民俗事象，应该也就是嘉兴一带的赞神歌。

清光绪《嘉兴县志》中也有涉及，文云："病有祟脉，间或有之，而吾里则凡遇疾病均以驱祟为急务。供神马，煮猪首以祀，主人拈香拜跪，巫者唱神歌侑酒，祷毕缚草为船，鸣锣而送诸途，名曰'献猪头'。"清乾隆《濮院琐志》云："酬神祭先……所酬之神益众，贡献肴馃檑，分布上下，各大土地……召祝献者，掌坛率子弟鞠躬再拜毕，祝献者演唱神歌。"民国11年《海宁州志稿》则云："东乡赞祝者曰'烧纸'，以俚鄙歌词侑神，节以锣鼓，牲用猪首，俗谓之'吃猪头'。袁、硖略同，硖则以阴阳生为之。西乡及城中曰'烧羊盘'，则大锣大鼓，奏乐而送之。其无谓之靡费相等耳。东乡'待神'之风由来已久。凡农家婚娶无不待神，或曰'待局'，或曰'待佛'，祝筵有五有七，最盛则有十三。亦有非婚娶而待神者，酿资宴会，与喜庆同，其费至数十金、百金不等。此俗未易革焉。"

清同治年间钱塘人范祖述著《杭俗遗风》"声色类"有"歌司"一节，文云："歌司招牌，曰祝献茶筵、顺星礼斗。祝献茶筵者，谓祀神还愿，为人所祈祝申疏通诚也；顺星礼斗者，谓疾病拜斗、禳星祈祷也。其实则专唱戏文，而九调十三腔咸备焉。"说明清代后期的杭州也盛行此风。

凡此种种，无不说明这种信仰民俗由来已久，流播甚广，而且又多有衍变。

　　莲泗荡一带流传的刘王赞神歌版本比较多，但基本情节大致相同，都讲述刘王亲娘早逝，后来受不了继母虐待，投奔外公家，揭皇榜、灭蝗虫、为民殉命，受封普佑上天王等。具体演唱过程中，每个班口的神歌先生都会根据自家班口的历史、传说以及自身特点做一些变更。比如原嘉兴荷花乡一带有《刘王二爷》神歌，加上了一段刘王弟弟救兄长的情节，讲述刘王被推下水，他的继弟救他脱险的故事。后来，这位继弟也成为刘王赞神歌中常被赞颂的神灵之一。

　　赞神歌通常在各个班口的待佛仪式上演唱。演唱者或是班口中的专职神歌先生，或是香头自己担当，一般一至四五人不等。

　　待佛是班口在各自驻地为刘王举行的祭祀仪式，有的在船上，有的在岸上租房进行。主要包括设供案、上供、唱神歌等几个环节。

　　设供案　供案面南摆设，三面墙壁上挂着神灵马幛。马幛上的神灵很杂，有"灵神"和"堂神"之分。"灵神"包括观世音、王母娘娘等民众普遍信仰的神灵，也有唐僧、包公、关羽等人神，还有各个班口所到庙口的地方神、土地神等。"堂神"是班口主要负责人的宗族祖先，据调查来看，一般在四代以内。

　　至于供案的具体摆设，各个班口大体相同。仍以麦弓老长生社为例，他们的供案设在农户堂屋内，面南，墙上挂两块长方形马幛。

马幛上方有大红色流苏缎面，上绣"普佑上天王"五个鎏金大字，马幛下方是两块红色的"公家宴香牌"，上书所供神灵名、敬献的礼物、香客名字、地点、年月日等。香牌下，案桌上摆好两排空酒盏，准备上供时倒酒。第一排大酒盏共二十二只，第二排小酒盏共三十只。

马幛的右上方挂着一面发黄的旗帜，上有"祝麦弓老长生社开嘉兴南六房张金寿同仁九八年农历八月十二"字样。据介绍这是1998年麦弓老长生起社时，南六房送来的贺礼，每次待佛都要挂上。马幛的左上方则悬着一块木牌，称为"水牌"。"水牌"上是麦弓老长生社入社香客户主的姓名。从1998年开设以来，不断有香客加入，水牌上的姓名也不断增多，因而书写的墨迹颜色新旧不一。

上供　上供也被称为"摆桌子"。供品的摆放并没有严格的次序，但摆放的位置还是有一定讲究的。最里层是两排酒杯，此时要倒上黄酒，大约满酒杯的三分之二，并不倒满；第二层有三个猪头、两条肋肉、两条整鱼、小菜十盘、水果点心若干；第三层有烛台、香炉、铜铃等仪式器物。另有一叠黄纸，上边扔着两枚黄杨木制的象牙形占卜用具，当地称为"兆"。[1]

大约十余分钟供品便能摆放完毕。随后，香头点烛焚香，准备

---

[1]　事实上这是一种古老的占卜方法，称为"杯珓"。

开唱。

　　唱神歌　这是整个待佛仪式的核心，主要是先生唱刘王生平事迹，在当地又叫作"唱刘王"。"唱刘王"一般要从下午一直持续到午夜左右，有的班口甚至通宵达旦不停歇。"唱刘王"的人数不定，中间主唱的人称作"先生"，一个班口先生从一人到三四人不等，另外还有三四人为他伴奏，乐器有鼓、对锣、钹、木鱼、引琴、叉等。各个班口唱本的长短也不同，从三段到十一段不等。有的唱本有名字，比如直景班叫"顺溜歌"，有的唱本没有名字。先生唱时，一般都没有抄本，全凭自己的记忆即兴发挥，因此每次故事也不完全相

唱神歌表演（陈宏伟 摄）

同，但基本依循刘王出生、灭蝗虫、建庙、成普佑上天王的故事脉络。

　　尽管在内容上先生有很大的自由度，但在演唱的形式上还是必须遵循程式，不容改变的。

　　① 坐位　先生手持小锣面对香案站好，身后三人伴奏，一只鼓、一面大锣、一对钹。先生平端小锣，锣面朝上，对着各位神灵拜三拜，就开始演唱了。

　　② 请神　演唱这一部分时，先生必须站着唱，不断重复"××社香客请大人，请到（××地／山××神）"，一共要请一百零八位神灵。大约持续一小时，请神结束。神灵基本上分为天神、地神、河神、俗神四类。天神有玉皇、王母、元始天尊等，地神有城隍、土地神、龙王、八仙等；河神主要是指三界河爷；俗神很多，既有孔子、老子（太上老君），又有刘王（治蝗）、喝潮王（即顾野王，治水）、太母女神（主医疗、生育）、史家厍小公子、上方山太太，还有班口的先锋（即历代神歌先生或香头）等。地方上的神仙通常是南到嘉兴、北到苏州、东到上海、西到湖州这一带区域的人神或自然神灵。

　　③ 入座　请完神，先生拿起面前的两枚"兆"，扔到黄纸上，称为"掷兆"，看看神意，有没有没请到的神灵，然后烧一叠纸钱。顺利的话，就开始请神入座了。神灵分上、中、下三等座。演唱时不断重

复"予要请到××（神）上／中／下凳坐，还有××（神）并肩坐，还有××（神）上／中／下凳坐呀"。入座的后半段，先生要唱一唱这次献供的香客名字、供品，并祈求保佑。这一部分持续的时间约一个半小时。待全部神灵入座后，先生也可以坐下。

④ 唱刘王　神灵入座，休息片刻，"唱刘王"便开始了。首先，先生要"提名"，就是用白话简单地把整部唱本的内容讲述一遍，接着就可以一段一段演唱了。

如麦弓老长生社的"唱刘王"共分七段，从刘王出生到成仙建庙收香客为止。第一段讲刘王父亲刘三叔与包小姐成婚，刘王出生；第二段讲包小姐过世，刘三叔娶晚娘，刘王受尽虐待，终被晚娘推入河中溺死；第三段讲亲娘包小姐显灵，托起刘王，刘王顺水漂到外公家，从此刘王便跟外公一起生活；第四段讲刘王随外公上了东京城，误揭皇帝灭蝗虫皇榜；第五段讲包小姐托梦，送宝剑、蒲扇、金葫芦三宝，助刘王灭蝗虫，刘王受封大将军；第六段讲刘王受封普佑上天王，在莲泗荡建庙；第七段讲刘王显灵，广收香客，刘王庙香火旺盛。

每段大约四十分钟，每次并不需要唱完全本。先生可以依据香客的要求、时间的安排等选择其中的几段演唱，一般一次唱三四段。

⑤ 问询　在先生演唱的过程中会有人不断地添香烛，并送上一

张张红纸，纸的背面要写上香客问询的缘由，并请求菩萨保佑。一般都是生病、做生意、子女升学、生孩子之类的问题。先生在一段唱完后就会停下来，把香客问询的事由七字一句地唱给神灵听。唱完后，还要掷兆看神灵的意思。若是问询者对神灵的回答不满意，掷兆还要继续进行。若是掷兆无解，那么就是极大的凶事了，这往往是香客们不愿看到的。

唱刘王、问询不断交替进行，其间先生可以替换，若只有一个先生，那么休息时间的长短就由先生决定，旁人也不好干涉。

⑥ 送神　一般到了晚上十二点左右，唱刘王结束时，先生要送神。将请来的一百零八位神灵一一送回原来的山头庙口。至此，整个待佛仪式结束。

刘王赞神歌并不只在庙会上唱，过年谢神、治病消灾、开网捕鱼、结婚嫁娶、新船下水都要唱，民间也叫"抬菩萨"。旧时，渔民结婚都在岸上搭芦席棚，唱神歌就在棚内进行。治病消灾、开网捕鱼、新船下水、过年谢神等则在自家船上进行。仪式一般从早晨开始，渔家把船上头篷取下，在船头搭个2米高的芦席棚，棚背朝船尾方向，挂上刘王及其他神灵的马幛。小的船挂几张就可以了，若是船大席棚宽，可以挂到二十四张。神歌先生头扎红绸，腰系红布，腰侧打结拖地，面朝马幛坐下，下面还要垫一层被子。船主坐在神歌先生右侧，另有伴奏或者和歌者坐在先生两侧。

演唱前，供上七碗菜肴——猪头、猪爪、蹄髈、肋条肉、鱼、豆腐等。放好筷子七双，供刘王、刘二爷、外公、外婆、娘舅、父亲、母亲七位神灵享用。马幛前点好香烛。唱神歌时，先生唱一段便起立磕头，船主也要跟着起立磕头，其余人发出"拉拉来"的声音相和。唱完，先生起立，船主也跟着起立。先生将四只杯珓在香烛上空绕三圈，当空丢下，若得三阳一阴，表示神灵已经请到；若不是，则先生反复丢下，直到出现三阳一阴。然后，先生烧化纸钱。最后，众人一起喝酒，享用供品。

目前有关文化部门已搜集整理的赞神歌有长篇《刘王神歌》（2000行）、《唱潮王神歌》（1500行），中篇《卖鱼娘子神歌》（600行）、《太姆神歌》（300行）、《十二亲伯神歌》（600行）、《唐陆相公神歌》（400行）和仪式歌《请神》（200行），另有《关帝神歌》、《杨伯神歌》、《仙鸟神歌》和几十首短篇神歌，仪式歌《坐神》、《送神》还在陆续采录中。

[贰]刘王宝忏

《刘王宝忏》是拜忏时用的本子，记录唱词，称为十二进，即十二个段落，唱刘王事迹。各段都有念赞的神佛呼号，呼号以后就有七字句的唱词。比如第一进佛号赞毕，唱词为"南无炉内起祥云，听赞天曹猛将军……"，接着唱刘王故事，告一段落时，再赞神佛菩

拜忏（陈宏伟 摄）

萨，接着又唱，直到全部结束。

　　拜忏必须在刘王画像或塑像前进行，并点烛焚香。如果事主烧香、还愿，则在庙里刘王像前进行；若事主有疾病、灾难，就到自家家堂，将刘王塑像或画像请到家堂。拜忏一般为五人。在刘王菩萨前面，五个人朝北，老爷朝南。两个一边，两个另一边，先生站中间。开始是念白，七个字一句，主要讲一讲这次拜忏的目的，祈求保佑等愿望。五个人一起念，念一句拜一下。念好之后，就开始唱了。可以一个人唱，也可以四个人轮流唱。四个人唱的时候，两个人唱两句，后面两个人也跟着唱一遍。一段唱完，换下一段，还有一个人点铜鼓，大概二十分钟一段。

[叁]山歌

旧时，江苏南部各地都有山歌唱刘猛将军，《苏州歌谣谚语》收录吴县太湖乡冲山村农民李翰培（1920年生）所唱的《刘猛将》：

家住申江上海县，青龙岗上长生身。

父亲就是刘三叔，母亲包氏称院君。

正月十三亲生日，取名佛官极聪明。

面上有粒朱砂痣，七岁之时克娘亲。

后娶晚娘朱三姐，日夜拷打受苦情。

前亲晚后难过日，磨爿压沉河中心。

二弟怜惜来相救，外公家里去安身。

自幼生来能勤俭，看鹅看鸭过光阴。

大宋末年兵荒乱，连年干戈勿太平。

三年大水三年旱，三年蝗虫共九年。

神人传授遁甲法，腾云驾雾件件能。

施法赶去蝗虫害，舟船下水戏玩弄。

种秧割稻施妙法，一夜完工喜万民。

东洋倭奴刀兵乱，抢劫沿海众渔民。

清廷总兵刘荣福，灵神显法救军民。

杀退倭奴迷雾散，刘王字旗在天空。

清军奏凯回朝转，奏本皇上受御封。

敕封普佑上天王，青龙岗立庙到如今。

莲泗荡立庙灵感，迁移西昂立庙门。

今日香火还神愿，保佑众姓永太平。

《中国民间文学集成·吴江县资料本》序言说："清末以来，以芦墟山歌为代表的吴江歌谣，曾盛极一时，遍布城乡，芦墟的'猛将会'、松陵的'垂虹元宵灯会'等民间活动，无不举办赛歌会。"可见当时在苏南地区农民中，猛将军信仰也十分兴盛，普遍有"猛将会"，春秋又有"抬猛将"祭祀仪式，刘王传说深入人心，唱山歌十分普遍。其中"猛将会"有斗山歌一项，由各自然村男女歌手分别进行山歌比赛，以对歌形式决定输赢。

[肆]踏白船

"踏白"，是宋朝边防军曾用过的一个番号，谓开路，打先锋。一般认为踏白船活动始于宋代或稍后。踏白船，是这一带庙会上摇快船和各种船只表演的统称，又称"摇快船"、"哨船"、"水嬉"等。事实上它的踪迹遍及杭嘉湖地区，是这一带赛船竞渡习俗的典型代表。一般以村为单位组织参加，同村人在两岸敲锣打鼓呐喊助威，先到终点者为胜。

　　踏白船所用的船实为一艘狭长的小木舟，每排二人并肩而坐划桨。视船身长短，安排十五至十八人不等，对人数并没有严格规定。以十七八人一船为例，各人在船上分工不同。摇船、吊绑、划桨的十三四个人，另有几人从旁帮协。竞赛表演时，既要有力，又要懂技巧，还要善于配合，否则很难在表演中胜出。

　　大橹上，两人摇橹、两人吊绑；小橹上，两人摇橹、一人吊绑。

踏白船表演（陈宏伟　摄）

摇橹的，一脚踩在船舷上，一脚踩在甲板上；吊绑的，双脚站在船尾舷挑出去的跳板上，这样既容易用力，又具美观性。摇得起劲时，船体时左时右倾斜，跳板会插入水中，吊绑人使劲往外吊出去，臀部几乎要贴在水面上。在大橹与小橹中间，还有一人，负责处理大橹或小橹推不出去或扳不回来等特殊情况，这个人叫"重绑"。

五档桨六个人，前四档桨一人一档，面对船头而坐；第五档桨两人，一人面对船头而坐，一人面对船尾而坐，两人同时发力划同一档桨。船头的最前面坐着一个人，称为"主桨"。此人一般是村里的地主、保长或大阿哥之类有一定地位的人，他手里也操着一把小桨，只用于指挥开船或停船。当他手里的桨用力往下划时表示开船，当他手里的桨用力上扬时表示停船。

主桨身后不远的地方放着一个大麻袋，麻袋里往往装满着砻糠，有一个人半蹲在麻袋上方，时蹲时坐，称为"桩大白"。当他用力往下坐时船头就会向水中钻，当他从麻袋上迅速站起时船头就会往上翘，就这样，船头浪花飞溅，非常美观。"主桨"和"桩大白"可以是同一个人，也可以同时都不用。

另外，船在停靠或者挤碰其他船只时，为了避免船舷与其他船只碰撞，就由站在船尾的两个十三四岁的小男孩看护、扶正，俗称"拉艄"。

关于踏白船的来历，传说早年一次干旱，南湖一带地方桑叶不长，春蚕无以为饲。一女子逃到湖州地界，见桑盛蚕好，便连夜急行赶回，唤乡人飞舟买桑救蚕。这一年，嘉兴蚕茧丰收，但该女子却因劳累过度而亡。后人尊之为蚕花娘娘，于每年三月十六以划船竞赛的形式纪念她。每到这一天，村民们摇船至运河塘岸，先将带来的猪、鸡、鱼等在蚕花娘娘神位前祭祀，然后参加比赛。比赛结束，便在野地里埋锅造饭饱餐一顿，尽兴而返。接着，便是准备育春蚕了。水乡地区，养蚕皆用快船运桑叶，有"救蚕如救火"之说，故划快船在生产当中很重要，借用"踏白"两字作划船比赛的名称，无疑包含了为蚕桑生产作一次水上练兵的意义。

[伍]船拳

船拳是在船上表演的拳术。此风由来已久，《湖州府志》载："寒食节，乡村以农船驾四橹，上设采亭旗帜，列各种器械，互较技勇诸艺，谓之'哨船'，驱行南北山前，而东乡双福桥尤盛。"[1]打拳船船头铺着一丈见方的木板，用以表演。两侧置威武架，上搁各种兵器。船舱处扎有高大的彩楼，上书一个"武"字。"武"字两侧有一副对联，内容一般是"拳打南山猛虎，脚踢东海蛟龙"之类展现威风的语句。拳师身穿对襟开衫，在前表演，身后还有鼓乐手助威。表演的项目一般是打拳、耍刀、舞棍、举石担、抛钢叉、挺石锁等。

[1]　同治《湖州府志》，《中国地方志集成·浙江府县志辑25》，上海书店，1993。

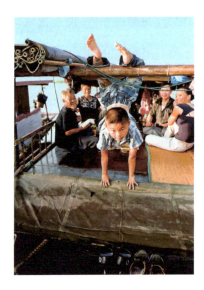

在船上表演武术的孩子（陈宏伟 摄）

这一带的庙会期间，河面上往往汇集着多条各村来的打拳船，两岸围着成千上万的看客，拳师纷纷登场献技，又相互比拼，为了技压群雄，经常在拳式上推陈出新，久而久之，促使船拳日益丰富多彩。目前流行于杭嘉湖蚕乡的拳术有"小红拳"、"岳家手"、"小金枪"、"八虎闯幽洲"、"猴拳"、"醉八仙"、"梅花桩"等；器械有刀、枪、剑、棍、戟、斧、鞭、叉等兵器。还有掷石锁、挪酒瓮、叠罗汉等表演。更有一种"木锁"表演极为精彩。"木锁"是一种木质器械，外面用铁叶镶包，两头有铁角裹住，大小长短因人而异，舞动时虎虎生风，十分威武。

船拳表演时，拳师站在船头，身体随着船体不断摇晃，而船上场地有限，不能像其他陆地武术表演那样，运用大面积的蹲、跳、蹦、纵、闪、展等技法。因此，船拳十分重视腿部、臀部和腰部的运动，步法上极重马步，以求出拳时既轻又稳，经得起风浪的颠簸。表演时以身为轴，以腿部为发力点，利用转腰、甩腰、下腰等动作带动全身，并通过马步、弓步的转换，体现进则带攻、攻则带躲闪的特点。

[陆]其他民间艺术

1. 抬轿

刘猛将出会由四或八人抬轿，塑像要换上银盔银甲、挂上银剑。抬轿时，时而要冲锋，时而要颠簸跳跃，时而前后摇摆，使刘猛

抬轿（陈宏伟 摄）

将如同乘船一般，让他高兴。清顾禄《清嘉录·祭猛将》说："穹隆山
一带弄人异猛将，奔走如飞，倾跌为乐，不为慢亵，名曰迎猛将。"据
说，刘猛将顽皮而且喜怒无常，因此抬轿冲锋奔跑，颠轿舞蹈，都是
为了让他高兴。

2. 抬锣

一面大锣，由两人各挑一头，取"鸣锣开道"之义。

3. 师娘班

青年男子化装成女子的模样，手捏花手绢，行进中扭动腰肢。
一般都在猛将神轿前，冲锋时跟着鼓点奔跑。

抬锣（陈宏伟 摄）

4. 大纛旗

大旗班紧跟在猛将神轿后面。旗子呈杏黄色,上绣"普佑上天王"字样。旗子很高,一般为6米到10米,由一个壮汉举持,四个到八个壮汉扶持牵引。气势十分雄壮。

5. 扎肉敲锣

数名男子赤裸或半赤裸上身,伸直左臂,臂上扎铁钩下挂铜锣,右手执槌边敲锣边行进。旁边有两人不停用布蘸水湿润扎肉部位,为表演者镇痛,缓解痛苦。表演者往往要求目不转睛、全神贯注,尤其不可以偷看年轻妇女,更不可说脏话调戏妇女,否则铜钩脱落,

大纛旗（陈宏伟 摄）

扎肉敲锣（陈宏伟 摄）

手臂会流血不止。也有的以香炉或者灯笼代替铜锣。

6. 犯人班

由善男信女扮成犯人跟在神轿后边。他们肩荷木枷锁,颈系铁锁链,由校会押解,跟在队伍中。当地信俗,凡是家中有人得病或者发生其他不幸的事情,都要到刘王庙中祈求菩萨保佑逃过此劫,称为"发愿"。若是平安度过,则要在巡会或者庙会时装扮成犯人,向菩萨"还愿"。也有的是为了赎前世的罪,为今生和来世积福德,还有的是替长辈代受刑罚的。

7. 荡湖船

荡湖船又名采莲船,是举灯赛会、喜庆吉日表演的歌舞节日。数十个男子一半化装成女子,一男一女身上套着纸扎湖船,手持"木桨"。表演灵活自由,不受场地限制,主要模仿水上驾船,表演程式有"荡摆步"、"迎浪步"、"十字荡步"、"波浪荡步"、"鲤鱼翻身"、"金鲤甩尾"及"矮步划桨"等。表演者身体前仰后合,一举一动始终呈现船在水中漂荡的晃动感,体现驾船、丰收的喜悦感。常常四艘、八艘甚至数十艘排列舞蹈行进。

8. 清音班

十几至几十人打扮成道士模样,吹奏各种乐器列队前进。

9. 高跷班

表演者穿着戏服扮成三国等戏剧中的人物,踩着几尺高的高跷

荡湖船（陈宏伟 摄）

行走。途中不能轻易下高跷，累了，只能倚着树木、房屋休息，这对表演者来说无疑是一种考验。

10. 打莲湘

打莲湘是一种民间舞蹈，原本是外来逃荒者或难民中的乞讨方式之一。乞讨者一根竹棒一只竹篮，沿途乞讨。为了博得同情，就和着民间小调编排动作，用竹棒边打、边说、边唱，慢慢演化为现在的打莲湘。

表演者多为女性，表演时用一根约1米长的竹竿击打身体肩、背、腰、臀和四肢各个部位。有的艺人也在竹竿两端刻上槽，有四槽、六槽，装上铜钱，击打时可以发出响声。也有的把竹竿涂上色彩，在两端扎上红绿绸带，打击时，彩绸飞舞，十分绚烂。

打莲湘表演（陈宏伟 摄）

　　表演时配上音乐，边打边唱。打莲湘动作一般有单打和双打。单打用一根莲湘（竹竿），动作有杂打、跳打、蹲打、滚打；双打（用两根莲湘）的动作有"梅开二度"、"双龙嬉水"、"龙凤呈祥"、"飞步流星"等。

六、网船会信众的生活习俗

网船会信众与岸上的民众交往相对较少，参与社会的公共活动较少，他们吃住在船上，随船往返，栉风沐雨，衣食住行无一不与船有关，由此也形成了一系列有别于岸上居民的生活习俗。网船会也为我们展示了一幅幅生动的渔民、船民生活画卷。

六、网船会信众的生活习俗

  刘猛将是江南运河船民，主要是杭嘉湖、苏锡常一带水系船民和渔民共同信仰的行业性神灵。莲泗荡刘王庙便是这样一个水上信众群体世代公认的祭祀中心。庙会期间，江南运河水系船民、渔民和农民，纷纷驾船前往莲泗荡赶庙会，参与人数达数万之多。烧香拜佛之余，他们探亲访友，喝茶聚餐，逗留长达一周左右。

  由于职业的原因，他们与岸上的民众交往相对较少，参与社会的公共活动较少，他们吃住在船上，随船往返，栉风沐雨，衣食住行无一不与船有关，由此也形成了一系列有别于岸上居民的生活习俗。网船会也为我们展示了一幅幅生动的渔民、船民生活画卷。

[壹]吃穿住行

1. 网船

  网船，是旧时江浙一带最常见的打鱼船，多是夫妻船。船形似柳叶，艄舻不足尺宽，向上微微翘起，每艘船有两把桨，用手划或脚蹬。用于捉鱼、稠螺蛳的网船都是一吨左右，定做一条网船，一般要六七石米的价钱。一对夫妇一条船，儿子长大分家则一个儿子一条船，若是家里姐妹多，姐妹俩一条船，也能出去捕鱼、稠螺蛳。因此，一户人家往往有好几条网船。

一条网船分头舱、中舱、后舱三部分，船舱里都用平基板隔开，分两层。紧挨着船头的就是头舱，主要放稻来的螺蛳或者提来的

网船是旧时江浙一带最常见的打鱼船（陈宏伟 摄）

挤挤挨挨的网船（陈宏伟　摄）

鱼。为了保持鱼的鲜活，平基板上常放一只桶，装活水养鱼。中舱主要用来住人，平基板下面放被褥衣物，上层做房间睡人。到了晚上，铺上草席，把被褥拿出来就可以睡觉了。中舱比较干净，进出都要赤脚。米、油、盐等日常吃食、日用品以及用于生火的柴爿、竹爿都储存在后舱，置于平基板下。船艄上面，留出摇船的空间，还要放做饭的行灶，生火做饭都在这里。有的网船后舱还要放块隔板，挑出水面六七十厘米，放一只尿桶，一点物件，还种一点葱蒜或者小盆景。网船船艄后往往拴着一两只游水鸭，船行驶的时候就跟在后面，到了晚上则放进鸭笼宿夜。网船上面盖着两层以上芦席棚，棚子用油漆漆黑。一到晚上，从船头到船艄全部覆盖住，既防寒取暖，也防止夜露、雨雪侵入。

两边船舷边上放着耥螺蛳、捉鱼的网杆，撑篙的篙子，还有几根晾衣服的竹竿。船上备有几盏煤油灯。有的网船上备有水缸，将河水放入缸里，再加入明矾，净化水质，用水比较卫生。一条网船开出去，往往需要一个月甚至几个月时间，吃穿日用品都要准备好。

渔民中流传着"网船浪人，小巧玲珑，不是风吹，就是雨打"的俗语，也有讲"上得去，落得下"，说的是网船上船头船艄两个人生活、作业要安排得好，相互配合。比如耥螺蛳，一个人立在船头，把耥网放在河里耥，一个人在船艄摇船。摇船要配合船头耥螺蛳耥网的速度，摇得太快，来不及耥，摇得太慢，耥在网里的螺蛳又会顺水漂走，因此，两人的配合十分重要。再比如捉鱼的时候张游水网、张麦弓放麦弓、抄网等都是一个人在船头操作，另一个人在船艄摇橹，要配合着放游水网、放麦弓的速度摇船行驶。作业时，两人还要轮班，避免张网、耥螺蛳的人时间太久过度疲劳。

2. 服饰

帽子　渔民、船民常戴的帽子一般有三种：凉帽、草帽和行灶帽。冬天，大部分渔民、船民都带行灶帽。行灶帽，也叫"罗宋帽"，帽墙成三翻式，里面加绒，把帽墙翻下来，前面脸部只露出两只眼睛和鼻子，耳朵、后脑、脖子都可以罩上，冬天十分保暖。

莲泗荡妇女的头饰（杨海燕 摄）

大腰布襕　大腰布襕也叫"围腰布襕"，是旧时嘉兴一带民众普遍穿着的服饰。大腰布襕的做法并不复杂，需要两块大幅蓝布、一块蓝腰布和两条长长的束腰带。腰布缝制在大幅蓝布上，束腰带连着腰布。蓝布在腹部相交叉，两侧下端有皱褶，便于行动。腰布前部中间位置，妇女们会用夹层或者多重蓝布缝出一个暗褡口袋，用来放些小物件。口袋的表面，多有绣花作为装饰。束腰带围着身体绕一圈后，在背后打结固定。裙子的长度以刚好遮住鞋面为宜，劳作时，只需将裙子下摆前部开叉处提起，塞在腰间即可，十分方便灵活。围腰布襕男女样式大体相同，妇女所穿的围腰布襕在束腰带两端和暗褡口袋处都有大面积的绣花，更加美观。为了适应船上生活和捕捞，渔民将其下面部分改成裤腿，扎上橡皮筋，成了灯笼裤。

灯笼裤　渔民中有穿灯笼裤的习俗。这种裤子裤腿比较宽大，在裤脚口处用橡皮筋扎紧，看起来两条裤腿就像两个灯笼。灯笼裤子穿着简单，行动方便，非常适合捕鱼作业。

2. 饮食

吃鱼　渔民生活艰苦，衣不暖身，食不果腹，经常吃了上顿没下顿。捕捞上来的鱼，自己常常舍不得吃，都要留下卖掉换粮食。即使吃，也是吃剩下的小鱼。渔民吃鱼也有一些讲究。

大人常常教孩子说"大鱼勿吃，吃小鱼；鱼尾勿吃，吃鱼头；吃鱼先吃头，吃头捉鱼多"。吃鱼不要只吃肉，剩下骨头和鱼头，不吃鱼头是捉不到鱼的。吃鱼时，不能翻身。应吃完上面的鱼肉后，剔除鱼骨，再吃下面的鱼肉。如果将鱼翻身，预示渔船也要翻身，非常不吉利。吃完蟹，要把蟹壳向东扔，俗信以为这样能够捉到更多的蟹。

鱼的烹饪方法有很多，旧时渔民买不起油，就用清汤烧。先在锅子里放上清水，烧开后滴上几滴油，然后把鱼放入锅里，放点盐、姜，把鱼煮熟。用这种方法煮鱼，也别具风味。传说当年乾隆皇帝吃了清烧鲫鱼汤后，觉得鲜美无比，疲劳顿消，回到皇宫里还念念不忘。

稿秧粽　嘉兴一带有端午节裹粽子的习俗，渔民也不例外。渔民舍不得买粽箬，就用荡里的稿秧裹粽子，称为"稿秧粽"。苏北籍渔民裹稿秧粽的方法和嘉兴本地渔民不同，他们用的是芦苇叶，先将芦苇叶裹成一个三角形的空壳，留下一个小孔，然后把加了配料的糯米从小孔里倒进去，一边倒一边用筷子按实，最后用一张芦苇叶封口，用稻草扎紧。

喝茶　渔民有喝茶的习俗，红茶、绿茶根据个人喜好皆可。日常饮茶品种以经济实惠为首要条件，比如旗枪茶等。为了提神，茶往往泡得比较浓。龙井等较好的茶叶常常留作款待客人之用。

船停泊的时候，渔民都喜欢去茶馆喝杯茶休息一下，早上六七点的时候，茶馆里便座无虚席了。渔民在茶馆里不仅和朋友喝茶聊天，还可以了解鱼汛、鱼市的价格等信息，称为"临市面"。

吃早烧　这是旧时嘉兴一带城乡较为普遍的饮酒风俗，就是有人喜欢在早晨四五点钟吃烧酒。因为常年在水里作业，湿度大，船上人很容易患上风湿等疾病，特别是到了黄梅雨季，身上各类关节酸痛。夏天喝烧酒能够驱赶潮气，冬天则可增加暖气。

[贰]人生礼俗

1. 育儿习俗

诞生礼　渔民、船民的诞生礼与当地岸上人家基本相似。怀孕后要向娘家报喜，娘家要在分娩前一个月拎催生篮。催生篮里有鸡蛋三十个，桂圆、荔枝、糖，还有抱裙、脱毛衫、尿布等。旧时，船上人家生活贫苦，请不起接生婆，大多靠婆婆等长辈根据自身经验接生。孩子出生后，随手在河里洗一下，表示船上孩子以后水性好。小孩生下后，要马上向娘家报生。生了小孩开始不能讲，等三天后做完了三朝，洗个澡，换件新衣服，才可以公开说是男孩还是女孩。

满月　孩子满月要摆满月酒，得挑个逢双的日子请娘家人来喝酒。喝满月酒时，要点香烛，感谢祖宗，还要烧糖圆子分给周边的人。糖圆子须做得又圆又大，以此祈祷孩子又胖又圆。

抓周　小孩子一周岁的时候举行"抓周"仪式。一般准备饭、钱、蛋、鱼，让孩子抓。如果孩子抓的是鱼，说明以后会捕鱼；抓的是钱，长大以后则会用钱；抓的是蛋或是饭的话，则表示孩子长大

船上人家其乐融融的生活场景（陈宏伟 摄）

船上人家其乐融融的生活场景（陈宏伟 摄）

以后会十分好吃。

吊绷绳　船上的孩子到了会走路的年纪，父母就在他身上拴一根绳子，绳子的另一头固定在船舱或甲板上，称为"吊绷绳"，或者叫"牵带"、"龙头绳"。绳子大约一两米长，穿过腋下，呈"井"字形打结。渔船上孩子多，父母忙于捕鱼捉虾，无暇照看孩子，孩子身上拴着绳子则可以自由玩耍，父母不必担心他们掉下水去。另外，父母还要在小孩子身上挂个毛竹片，毛竹片上刻一个"福"字，有时绑个葫芦。这样小孩子就算掉到水里也会自己浮起来。

2. 婚俗

旧时，渔民的生活漂泊无定，生活贫苦，早婚习俗比较盛行。一般都是奉父母之命，媒妁之言。婚嫁一般有定亲、起话、讨亲、回门几个环节。

定亲　双方父母及主要亲戚在小饭馆里吃面条，称为"吃拦面"。定亲时，必须有个媒人，如果没有，就在"吃拦面"的亲戚中找一个。媒人必定得是家族中有威信、家庭和睦的人才能胜任，也有人会"讨拦面"，主动要求做媒人。定亲时，男方要给女方做一身衣服，有条件的买银手镯或者金圈。定亲后，逢年过节并无礼物来往，只是一起在船头吃个饭，弄几个菜。

起话　定亲后，结婚前要"起话"。男方家送云片糕两条、面两斤、条肉两斤、包扎茶食两包，俗称"四十大礼"。同时，要办酒请男女双方家的几位亲戚吃一顿。但此时，亲戚并不送礼。俗语说"甜酒不吃，苦酒不来"，起话喝的是甜酒，不送礼，结婚喝的是苦酒，亲戚要送礼。如果甜酒不请，结婚时就不送礼不喝酒了。起话时，要做二至三套衣服、办几副手镯、买几斤肉请佛、确定结婚的日期、酒水的数量。结婚前一天，媒人将礼品送到女方家。

讨亲　结婚时，男方到女方家去接新娘，称为"讨亲"，讨亲用的船一般都是给婚后小两口打的新船。讨亲的时间通常选在天亮前，为的是"遮四眼"，避讳孕妇、孤孀。讨亲当天凌晨，男家父母、新郎官、媒人、喜娘等六人驾船来到女方家船停泊处，要将船停靠在女方家月子船旁边。这时，停在旁边船上的渔民要想方设法阻止讨亲船靠拢。男家给过喜钱后，与女家船靠拢，新郎和媒人从橹后走到女家船上。女方家在船头摆上供品，点起香烛，新郎新娘拜菩萨、拜祖宗。拜完菩萨祖宗后，男方家在女家船上休息一会儿，然后新郎新娘一同从船艄橹绳处走到讨亲船头上，讨亲船驶回原来的停泊处。随后，由媒人操持，在船头举行仪式，拜天地、拜菩萨、拜祖宗、拜父母，俗称"拜四方"。

讨亲有两种形式。一种叫"领亲"，新郎亲自前往女家讨亲；另一种称为"等亲"，即新郎在父母船上等候媒人等将新娘从女家船上迎过来。究竟采取何种方式，由女方家决定。但事实上也受到男方家的经济情况、社会地位的影响，若男方是有钱人家或者是渔帮中的帮头，多选择等亲。一般情况，都采取领亲的方式。

结婚要办酒席，亲戚前来贺喜都要送礼。办酒一般在岸上找块空地，搭上棚，搬上几只行灶，烧菜煮饭。菜肴比较简单，萝卜烧肉、炒三鲜、红烧肉、青菜、粉丝、小方肉，六样菜必不可少。但若是亲戚少或是男方经济困难，就不在岸上搭棚了，就在自家的船头上摆上一桌。

回门 结婚后一个月新娘要回娘家，称为"回门"。回门必须要得到娘家父母的同意，如果父母对男方家有意见，不让自己的女儿回门，新娘子就不能走出自己的船。船上的规矩是没有回门的新娘子不能走到别家的船上，就算别家的船撞上来也不能推。

3. 丧葬习俗

船上有人亡故后，丧主家将船摇到平时亲戚较集中的水域，将自家的船与一位至亲的船连在一起，靠岸停泊好，称为"对船"。在"对船"的甲板上搭起船篷，至亲给亡人擦身穿衣后，将遗体放在船前舱的平基板上。同时丧主设法通知其他亲戚前来奔丧。

丧期中，亡者小辈中女性要在头上扎白布，男性要在颈上挂麻绳，以示"披麻戴孝"。旧时渔民也实行棺木土葬，一般下葬在荒地中，有的则与岸上农民结成"坟亲"，借地下葬。下葬后要"做七"，丧主往往在麻布帽子上打七个结，过完"一七"剪掉一个。"六七"的仪式较为隆重：有条件的，从苏州等处请和尚来放焰口；经济条件尚可的，请和尚念一下经；若实在负担不起的，就折些锡箔纸钱烧一下。

下葬后，每年也要扫墓纪念亡者。第一年清明，祭扫要在清明前十天，全家人都要去祭拜，弄些泥土盖在坟上，称为"覆山"。老坟则可以在清明前后十天上。

[叁]其他

1. 俗语俗话

长期的水上生活，渔民在相互交谈中也形成了一些特定的"说法"，往往以鱼为比喻，十分有趣。

"小秋鱼滚"说的是小孩子哭闹，特别是哭着在地上打滚。

"巴鱼"说的是小孩哭。这是因为巴鱼一被触碰到，整个下颚就会像球一样鼓起来，好像小孩子啼哭时噘起的嘴巴。若是被提出了水面，巴鱼就会发出类似于孩子啼哭时的声音。

"乌龟缩回头"说的是人早上干活干到一半就回去了，留下活没干完，虎头蛇尾。也可以说人说话做事情不算数，出尔反尔。

"老乌龟"骂人狡猾。渔民中，很忌讳骂别人老乌龟，往往会引起打架斗殴。

"甲鱼板牙"说人性格偏强，说出的话，绝不更改。甲鱼的牙是一圈一圈长的，咬住东西绝不松口。渔民杀甲鱼都要拿一块布在它面前晃，甲鱼就会一口咬住，随后不论渔民怎么晃，甲鱼都不会松口，就算砍下它的头也不会放，只有放到水里才会张开口。因而就借此来形容一个人嘴硬。

"獭毛手"用来形容一个人抓鱼抓得多，很会抓鱼。

"翻死鱼眼"说的是一个人正在想心事，眼睛一动也不动。

2. 禁忌习俗

渔民在行船捕捞作业中还有一些禁忌须要遵守，俗信以为若是触犯禁忌往往会带来灾祸。主要有以下几种。

渔船靠岸不能停在牛荡滩或对着缺口停。

晚上泊船，若是船上的孩子啼哭，则需另寻一处水域泊船。

晚上行船，开船时要在船头前的河水里划几下，赶走邪气。

行船中，如果有鲤鱼跳到船上，是大吉，可以吃掉；如果跳上来的是白鳃鱼，则是"恶兆"，要把鱼头拧掉后丢进河里，才能破此恶兆。

渔民在捕鱼、行船或者船只停泊时，如果见到有人掉到河里，必会入水救人。如果被救者是男子，可以直接救到船上；如果被救者是女子，只能将人拖到岸边，不能救上船；如果人已经断气，无论男女，都不能上船，还要到事发点烧香拜神，求吉利。

行船中要穿过桥洞，若此时桥上有女人在行走，渔船必须等女人走过后才能通过。

渔民船头的活水不能空着，至少得有一条鱼，寓意天天有余。

　　渔民捕捞起的鱼暂时存放在船头活水中，其他渔民都不能随意往船头内看，否则会遭到别人的嫌弃。

　　渔具大多以竹子为原料，对一些弯曲的竹子要采取火烤的方式使其变直，这一过程中，女人不能从竹子上跨过去。

　　拿着肉不能走过别家的船只，若一定非得走过，必须切下一小块肉放在船板上。出去买酱油的时候，不能光拿着酱油瓶走过船身，一定要将酱油瓶放入篮子等盛具中，才可以走过船身。

七、网船会的保护与传承

二十世纪五六十年代，盛极一时的网船会逐渐衰落。在经历了半个多世纪的断裂后，它的复兴也是一个曲折的过程。从渔民、船民零散的祭拜，到当地政府小规模的扶持，再到进入国家级非物质文化遗产名录，网船会一路走来。

七、网船会的保护与传承

20世纪五六十年代,盛极一时的网船会逐渐衰落。在经历了半个多世纪的断裂后,它的复兴也是一个曲折的过程。从渔民、船民零散的祭拜,到当地政府小规模的扶持,再到进入国家级非物质文化遗产名录,网船会一路走来。其间有来自个人的、群体的、民间的、官方的等各方面力量的较量或妥协,还涉及多元价值观念的冲撞。与此同时,网船会则在不断对新的情境进行调适中表现出顽强的生命力,并以其自身的存在解释了传统之于现代的意义。

[壹]网船会的复兴与保护

1956年以后,由于当时的社会政治原因,刘王庙不再公开举行任何烧香祭拜活动。刘王塑像被毁,寺庙被作为村里的仓库使用,网船会停止活动。1972年,当时的人民公社因建造办公楼,拆除了刘王庙大殿,补充建设所需的原材料。随着刘王庙主体被拆除,庙会停止,依附于其上的大小班口也土崩瓦解。许多香头家族也就此断了传承。尽管如此,江南一带渔民、船民私下对刘王老爷的祭拜却从未间断过。每到清明、中秋等日子,仍有零散船只开来,泊在河滩边上,在寺庙遗址上祭拜。

20世纪80年代以后，政治气氛逐渐宽松，对待民间文化的态度也逐步放开，渔民、船民前来祭祀的规模也越来越大，到了80年代末，每年参与祭拜的大约有五万多人。由于缺乏统一的管理，加之香客人数实在太多，难免发生一些事故，甚至出现香火引起火灾烧毁屋门的事件。1986年，乡政府打算在原庙址处重新建起一个50平方米左右的庙舍，以方便香客。建造过程中，又应当地村民和香客的要求扩展到80平方米。庙舍建造的同时，原来的"一百零八社"也逐渐被联络起来，筹集资金，恢复庙会。1987年，沉寂二十八年的莲泗荡刘王庙改造为"刘公园"，再度开放。此后，刘王庙年年庙会香火繁盛，据民俗学者王水调查统计，1990年两季香客大约有三万人。1992年，在当时嘉兴市郊区有关部门的支持下，刘承忠纪念馆获批建设。

2000年，王江泾镇政府决定成立莲泗荡风景区旅游开发有限公司，明确了"以香客带动游客，开发旅游资源"的发展方针。公司运行独立核算，但归镇里统一管理。由镇政府选派公司总经理，同时返聘村里的老同志管理庙务，另外还聘请了一批本村村民协助日常工作。莲泗荡风景区旅游开发有限公司成立后，投入数千万元资金用于基础设施建设。2004年，投入五十多万元改建了通往刘王庙的桥梁和柏油马路。2005年，投入二百五十多万元，改建网船、渔船停靠集聚地的河塘两千多米，修建了停车场，建造了刘公塔。2007

莲泗荡风光（陈宏伟 摄）

年，投入五百多万元，扩大庙会空间，建造刘王庙大殿，此外还在庙
内修建了莲花池、九曲桥、渔俗文化博物馆等景观。

　　从2000年开始，莲湖风景区旅游开发公司开始筹备建设国家
AAA级旅游景区，这也是镇政府"香客带动游客，开发旅游资源"
方针的实践，这一举措得到了嘉兴市、秀洲区旅游局的支持。政府
不断投资加大刘王庙周边环境整治和建设的力度，打造演艺广
场、修建沿湖景观带、接通省道，吸引更多游客，不断扩大网船
会影响。

　　伴随着庙会的逐步恢复，20世纪80年代以后，网船会班口陆续

恢复起来，到目前登记在册的班口有一百一十七个。

20世纪五六十年代渔业改革，江浙各地政府组织渔民上岸定居，渔民原有的捕鱼区域被重新划分，家族结构被打散，加之人口的自然流动，原有班口的成员往往分散在几个甚至十几个村庄里。以吴江区黎里镇黎花村渔业大队为例，一千多人分属于六个不同的香会。因此，在班口恢复过程中，出现不少分化、新建的现象。

一般来说，传统的大班口最先得到恢复。这些班口传承历史比较久，往往历经三代以上，老辈人往往要求年轻人出面担任香头。他们主动联络原属于本班口的渔户，同时出钱出力，重组班口。有的渔民、船民在自行烧香的途中相遇，逐渐抱团，然后去寻找原本班口香头家族的人来"带班"，恢复班口活动。如果香头的后人因为各种原因不愿意再当香头，或者香头的家族断了传承，那么就选出热心并且能服众的一个人来充当香头。另外，也有一部分渔民因为住得远不方便或者是不服现任的香头，因此从老班口中分出来，选举新的香头。

经历了前几年的基础设施建设后，2008年起，刘王庙管理方的工作重心放在了挖掘文化内涵、扩大影响力上，牵头举办了首届"江南网船会"。"江南网船会"特指原刘王庙一年三次会期中，清明前后规模最大的那一次庙会。

1986年刘王庙重建以来，庙会年年都有，但多为渔民、船民自

网船会盛况（陈宏伟 摄）

网船会水上场景（陈宏伟 摄）

发组织，也只有零星班口到来。原来的仪式、赞神歌等民间文艺表演都未得到全面恢复。2009年清明，王江泾镇政府主办了首届"江南网船会"，并在会后组织了新中国成立后第一次大规模的"刘王出会"。当时的队列中有神像四座，班口十一个，共计二百六十五人参加，当时参会的班口及队列从前至后排列如下：

大锣开道—小刘王—嘉兴南六房老长生分社（提香炉）—长生分社（舞龙）—旱七省社（钢叉）—水七省社（钢叉、海波螺、旗伞）—红班社（衙役三班、香亭、伞、旗）—金老爷—旗牌社（回避、肃静）—旗伞社（衙役三班）—二老爷—直景班（八仙过海）—时辰干（十二生肖）—嘉兴南六房（"八府朝礼"：唐棍、劈刀、大锣、大旗等）—大老爷—家丁班—腰鼓队。

刘王出会在中断六十余年之后再度兴起，轰动一时，得到了大批媒体的报道。

2010年4月11日至12日，第二届中国江南网船会开幕式暨民俗文艺演出活动在嘉兴市秀洲区王江泾镇莲泗荡风景区内举行。此次网船会由嘉兴市政府主办，秀洲区政府承办，王江泾镇政府执行承办，浙江省、嘉兴市、秀洲区各级文化部门相关领导出席活动。开幕式上，举行了国家AAA级风景区——王江泾镇莲泗荡景区授牌仪式、龙舟"点睛"仪式。江南网船会由开幕式暨民俗文艺演出、水乡龙舟邀请赛、王江泾镇运河旅游线路策划研讨会、"同一镜头——

走进中国江南网船会"摄影报道活动、民间社团组织"船民祭祀活动"、中国江南网船会民俗风情摄影大赛六个内容组成，为期两天。

　　江南网船会逐渐成为当地政府对外展示本市传统文化的平台，在2012年3月的第四届"江南网船会"上，海盐滚灯、南湖船拳、嘉善田歌等非遗项目纷纷亮相，还有踏白船表演和说唱《浙北名镇王江泾》等。

[贰]网船会的传承与困境

　　与庙会同步进行的是"网船会"申遗工作。2007年，莲泗荡网船会被列入浙江省第二批非物质文化遗产名录。2011年，被列入第三批国家级非物质文化遗产名录。

2011年，网船会被列入第三批国家级非物质文化遗产名录（陈宏伟　摄）

网船会国家级传承人为秀洲区王江泾镇民主村刘永萍老人。他1934年出生于秀洲区民主村十三组，1955年起在民主村做会计，1986年起在莲泗荡的刘王庙做会计，2006年起在村文化活动中心任管理员。现退休在家。老人熟悉网船会历史以及各种祭祀仪式，一直是网船会的见证人，时至今日还能够演唱家传的《刘王宝忏》。

刘永萍（陈宏伟 摄）

唱《刘王宝忏》是莲泗荡刘姓家族的祖传技艺。刘永萍的父亲刘聚林是一名私塾先生，当年带领着自己的"拜彩班"经常四处为人拜忏。耳濡目染之下，刘永萍很小就对《刘王宝忏》烂熟于心。十六岁时，他正式跟随父亲学唱《刘王宝忏》。十八岁时，已经会唱全套《刘王宝忏》。这以后，刘永萍老人和堂兄刘永明（1966年去世）、刘更生（今年七十九岁）等人每年都在庙会期间进行演唱，还应邀去周边举行祭祀仪礼的人家唱《刘王宝忏》。

《刘王宝忏》至今还保存着一个民间手抄本，据说抄于清光绪年间。《刘王宝忏》为直排本，共五十七页，韵文部分大多七字一

唱《刘王宝忏》（陈宏伟 摄）

句，主要内容是关于刘王庙庙会（网船会）的起源和刘王生平事迹。

演唱时，五人一班，分上板、下板、领头。

　　除了《刘王宝忏》外，他还能唱《观音忏》、《阎王忏》、《三官忏》等。目前刘永萍老人有王松林、顾关荣两个徒弟学唱《刘王宝忏》。每年的网船会，仍能够看到老人活跃在拜忏仪式上的身影。

　　在现代化进程中，网船会与许多传统庙会一样，面临着许多亟待解决的新问题。尤其突出的问题是这一带的陆路交通正在逐渐取代水路，赴庙会的民众中，坐船的在减少，坐车的在增多。再加上水上交管部门出于水上安全考虑，在庙会期间往往实行交通管制，给行船带来诸多不便，昔日船只盛况已很难再现。另一方面，许多老艺人大多年事已高，后继乏人，许多精湛的民族民间艺术有濒危趋势。

为了体现网船会的特色，当地政府采取了多种措施，在人、财、物等各方面支持鼓励渔民驾船参会。2004年，改建通往庙会的桥梁。2005年，改建渔船停靠集聚地的河埠两千米，新建停车场，供往来香客车辆停放。改善庙会环境，修建广场，扩大庙会活动空间，为各路民间表演队提供充分展示的场地。对前来参会的船只颁发特别通行证，给予一定的经济补贴，提供各种便利服务。同时，联合当地文化人士、省内高校开展网船会民俗调查研究，目前已出版摄影集《网船会影像》。

附录

2013年网船会实录[1]

1. 春节祭拜

2013年2月3日是星期日。上午十点,行驶在回老家王江泾镇至南汇镇的路上,我意外地看到三辆江苏大巴从莲泗荡风景区出来,才记起,已是农历腊月二十三了,一年中的小年到了。按照乡村的习俗,长三角地区的渔民和信众在每年的腊月二十网船会封印后,均会在农历新年前到莲泗荡刘王庙进行烧香谢佛,了却一年的心愿,祭奠这位渔民的先神。

从20世纪90年代起,在家乡每年腊月二十三后,我年年都会目睹一支支船队、一辆辆大巴从江苏、上海、湖州等各地赶来烧香。年廿八、廿九前,基本为嘉兴市外的人来祭拜,而刘王庙周围的村民都是在大年这一天,在年夜饭的前后,把"到刘王庙拜佛"作为家家户户的一项年俗。年前拜佛,年后拜年,是刘王庙所在地的民主村、民和村、荷花村、北荷村、东荷村等荷花乡人的一大过年习俗。

---

[1] 调查人:仲美文。

（1）大年夜祭祀习俗

2月9日是除夕，为了记录网船会习俗，下午二时三十分，我们早早从嘉兴出发赶往刘王庙，观察和记录大年夜祭祀习俗。

下午三时十三分，我们进入莲泗荡风景区，刘王庙前的莲泗荡里停着零星的几只船。庙前的空地上，用栏杆隔出了一大块，已是一地红红的鞭炮碎屑。庙门前入口处的场地上，摆着一张1米多长的案几。来自民和村的三个妇女正在点燃带来的蜡烛，插在案几上的烛火架上，然后在烛火上点燃一支香，面朝着刘王庙，持香作揖并三叩首，边拜边口中念念有词。拜完后，三个人起身将手上的那支燃着的香置于案几旁边的香火桶里。跟随着三个妇女一起来的两个姑娘和一个五六岁的孩子，拿出带来的两挂鞭炮，一字排开在莲泗荡边的水泥地上，然后点燃。我问三个妇女，刚才在作揖叩首时和刘王爷说了什么。其中一位年长的笑着说："我们就是谢谢刘王老爷，保佑我们一家今年平平安安，让我家明年生意好一点。"三个妇女与同来的姑娘、孩子准备走了，我问为什么不进庙里烧香，"庙里今天三点半关门了。"

在庙门口，莲泗荡风景区管委会的张文忠主任从办公室出来，正准备下班。临近年夜的这几天，莲泗荡风景区管委会工作人员已开始每天两班轮流工作制。今天是大年夜，这个时候，来祭祀的人已渐渐少了，为了让大家吃个团圆饭，所以下午三点半关庙门一个半小时，等到五点再开，晚上全体人员全夜值班，祭祀的高潮在年夜饭后。

看到莲泗荡内的渔船只有两条，而且空船停靠在河边，一问才知道，临近年头，为了水上安全，莲泗荡上建起的水闸门已在腊月二十三后关闭。下午三点四十五分，冬天的日头已渐西下，临近年夜饭，庙里庙外三三两两的人回家团圆了，只有庙门口的香火还升腾着袅袅的余烟，我们也随着众人离开热闹了一天的莲泗荡。

六时五十八分，在王江泾镇民和村九组仲福生家里，一家八口的年夜饭已临近尾声。女主人沈二娜离开饭桌，从香盒里拿出一对用纸包着的红烛，红烛上还用金粉分别写着"招财进宝"、"平平安

网船会（张觉明 摄）

络绎不绝的祭祀人群（陈宏伟 摄）

安"。她从平时烧香用的香篮里拿出了一把香，又顺手从窗台上的绳子上取下两串红纸和黄纸相粘而成的"元宝"。媳妇吴菊群把这三样东西一一装入一个红色的塑料袋，连年夜饭桌也顾不上收拾，小夫妻两个就开着车出门，到莲泗荡的刘王庙烧香去了。民和村离刘王庙所在村的民主村不远。一路上，村子里的男男女女，有的是全家老少出动，有的已烧完香早早地回了。

七时十一分，两人到达刘王庙，庙门外的停车场里，已停满了车，刘王庙前的路上已是人山人海。夫妻俩在刘公桥的人群中，碰上了已从庙里出来的舅舅沈小林和舅妈陶晓明一家。夫妻俩与他们匆匆地聊了几句，就进入了庙里。两人先到门口那三间香烛房。两间房里各放着两架从高到低三排相对的烛扦台，细数足有两千多支红烛。在另一个烛火房里，地上放着四块板，每块上五排烛扦，每排上有四五十支蜡烛，每个烛扦上插满了蜡烛。工作人员还不停地将只燃了一半的蜡烛取下来，供后来的香客插烛。吴菊群夫妻俩在靠近西侧的烛房里找到了一对空烛扦，就一人拿一支蜡烛点燃插好，然后从袋里拿出那把香点燃，一人分一半，走出了烛房。来到大雄宝殿广场上，两人持香向大殿内的刘王爷塑像拜谒三下，再叩首，起来后再拜谒三下，然后双双回到刘王庙西南侧的香库间，将手持的香火和带来的两串"元宝"放入已有一米高的香库里，作为祭祀刘王的谢礼，熊熊的火光瞬间炫目冲天。两人一刻不停地来到大雄宝殿正中的刘王神像前，双双在门里的蒲团案前找到了两个空位，双手作揖，三叩首，在起身前闭目停顿，似是还愿。接着两人来到殿右侧一个三尺见长的网船模型前，从殿右侧依次到左侧，在一一画有"从军之路"、"蝗虫成灾"、"揭榜灭蝗"、"生产自救"、"皇上册封"和"千秋流芳"的刘承忠灭蝗传说墙壁前拜祭。在大雄宝殿里，前后左右看看，几乎家家户户都是夫妻双双，或者母子共拜，代表着一家人虔诚的心愿。

从大雄宝殿里出来，我随着夫妻俩又到了殿后的刘承忠纪念馆。大殿的正中高悬由渔民敬献的"保国爱民"巨匾。大堂正中矗立着刘王的金身塑像，左右两侧分别是刘王的弟弟和太子（刘王的儿子），三位身上都披挂着由渔民敬献的丝绸风衣，红与黄相间。高高的塑像前放着一个三层的供桌：第三层是花，第二层是猪头、鲤鱼、糕点、苹果等，第一层是来朝拜的香客供奉的状元糕。夫妻俩还是在人群中找了个空位，双双三叩首，然后，循着大家从右到左，在右后侧的刘王爷夫人供奉处和在左后侧的太子夫人供奉处虔诚祭拜。一处处地拜完了年年岁岁要依礼祭祀的各位神祇，小两口兴冲冲地出了刘承忠纪念馆，代表全家在一年的大年夜感谢诸神的庇佑。

从刘承忠纪念馆大堂的右侧出来，我碰到长年驻扎在纪念馆的工作人员——民和村的莫佩芳，她热情地讲解了大年夜祭祀的有关风俗。一般年前的几天，以前刘王庙南北六房的一百零八个社团的渔民，都会共同出资，买下猪头、蹄髈、条肉、水果、黄酒和各色点心，摇船来谢佛，所以年前叫"拜老爷"。等到新年一到，各家要在正月十五前再来一次，作为新年的拜年仪式，这个仪式就比较简单，大家烧个香，磕个头，就算完成了。

从后殿出来，再到大雄宝殿时，广场上聚集了许多人，大殿里已是人满为患，大家一批批地在门外等着入内。七时四十五分，看到广场上走来一对老年夫妇，拿了一大篮东西，后面还跟着他们的儿子，我就随他们再次入殿。夫妻俩是莲泗荡南的洪典村人，儿子开车送他们一起来烧香。老妇人从篮子里拿出了一个菠萝、一瓶黄酒、一条过年鲤鱼、一只过年鸡（已杀好，留有尾翎）、一把糖果、六个炮仗，还有代表着节节高的甘蔗，一一放在带来的盘子里，并置于供桌上，然后一家三口齐齐地在蒲团前三叩一拜。拜完后，三个人循着大家往右侧依次朝拜。等了约半个小时，我才看见他们到案前将供品收回篮子，出了庙门。在广场上，早就等着的儿子与父亲将六个炮仗放完，便乘车而去。

　　这时，再看庙里庙外，是两个世界：庙里香火熊熊，青烟缭绕，人群挤在小小的殿内，隐没在浓烟中，个个眼里只有虔诚的神。而庙门外，刘公桥上的一盏盏孔明灯伴着阵阵的鞭炮声，慢慢悠悠地朝东南方向升上了天空。在出口的路上，大年夜的庙会，除了香与火的行市，还有煮玉米、炒栗子、焰火、刀剪……这里成了一个乡村游玩的场所，这样的场景一直持续，成为一种守岁的方式，直到凌晨。

（2）正月初一拜年习俗

　　大年三十的晚上十一时二十分，民和村九组的仲伟强夫妻俩按照往年的惯例，从电视机前准时起身，拿上两把香和一对蜡烛放进纸袋，开车前往刘王庙。三十一分，两人到达刘王庙，风景区外的车子已经停到了入口处，两人只好徒步随着大家走，这时赶来烧香的人越来越多了，都是急匆匆地奔向庙里，赶着在零点后的大年初一早点烧上头香。四十八分，夫妻俩终于买票进入庙里，在人群中点了蜡烛，燃着香，挤在殿外的广场上。广场上到处是想挤进庙里的人。大雄宝殿里已经被先来的人占据了有利位置，蒲团前更是挤满

除夕夜点蜡烛（陈宏伟 摄）

了人，夫妻俩只好在殿门外的广场上找个站脚的地方。十二点，只听见殿内的工作人员高声朗叫："新年已到，请各位香客给刘王菩萨进香。"于是，挤在蒲团前的人齐齐地三叩一拜。仲伟强夫妻俩因为手持香火，只得在殿外朝着刘王菩萨拜三拜，双手合十许愿，并由仲伟强将两把香放进香库。两人排队进入殿内，直到新年的零点三十七分，才挪到了蒲团前，夫妻两人双双三叩拜。然后，他们径直从后门出来到了纪念馆，再排队叩拜，这时已是零点五十一分，两人完成了新年的第一件事，轻松地出庙门回家。

2. 正月二十开印

2月28日上午八点零七分，我们一行两人赶到了刘王庙，提前了解明天一年一度的刘王庙农历正月二十开印的有关情况。

（1）准备

八点三十九分，刚上班的莲泗荡风景区管委会主任张文忠，将隔壁办公室的顾关荣请来，询问这几天联系正月二十来的一百零八个社团的情况。老顾是在民主村刘王庙工作的老人了，和各个社团的香头关系非常好，在每年的各项活动中负责联络和仪式把关。这几天他已经联系到了九十二个社团，并已经给各个社团名册上的香头群发了短信。张文忠将还未联系到的几个社团在名册上作了记号，回到办公室后，就一一打起电话，询问第二天各个社团来几个人，并作了记录。随后，又叫老顾落实明天刘王庙边上的几户人家给庙里来的各位香头做菜圆子作中餐的事情。这是刘王庙周围村民的一个传统，是给以前没有食堂的庙里做的一件义事。老顾说，村民每年轮流，家家抢着做，都是自愿做的。张文忠主任给我们介绍了第二天开印的一些情况，就到庙里面安排第二天的事情去了。

3月1日，农历正月二十，我们早上七点四十三分到了庙前，就看见十来辆车已停在庙前的广场上了。居住在江苏盛泽的班主张三毛早上六点三刻就到了。他们北六房的各个社团开了八辆车，共来了三十七个香头。八点二十一分，刘王庙南六房的班主、现年五十三岁、还居住在嘉兴市南湖区烟雨小区（原南湖乡渔村）的渔民陈阿金开了两辆车来了，还有陈福珍、李松发等带了八个人。我问他们为什么不开船来，陈阿金讲："开印主要是议事，清明、中秋和过年时，我们会开船。以前开印，我们南六房作为主持祭祀活动的社团，令班、十禁牌、轿班、轿伞社等社团，户户人家会在船头置三块肋条肉、三条鱼、三个鸭蛋、九个小菜和各色水果等，先在莲泗荡的船里点烛焚香，给刘王爷斟酒祭拜；再到庙里，祭门神、锣鼓开道，在刘王菩萨的塑像前祭祀。到时候，我们将去年十二月二十贴的封条撕去，家家户户就可以开渔、动土了。"

（2）礼佛

九点零八分，在刘王庙的大雄宝殿里，张文忠请参加今天开印仪式的各位社团香头签到。今天来参加开印仪式的共有四十六位社团的香头，共五十七人。最远是昨天就到的扬州、无锡的班主，还有上海和苏州的香头，而且以江苏人为多，占了60%以上。据顾关荣讲，这与太湖流域从事渔业的人多，而且现在捕鱼和经商的人信佛有关。随后，张文忠请南北六房社团的班主陈阿金和孙根荣立于刘王殿前正中的位置，各位香头一一在刘王像前行三叩一拜之礼。

（3）开印

礼成之后，由张文忠将放置在刘王手里的宽20厘米、长1米的黄色丝绸缎带揭去。丝绸缎面上用庙里重6斤6两的黄铜印盖着红色的"普佑上天王"的印签，约10厘米×10厘米大小。

（4）议事

四十六人随后在会议室坐定，由张文忠主任主持议事。主要议程一是确定清明活动仪式的时间，二是确定各个社团的活动（组织的班团和主要的形式），三是船只的登记。

讨论的结果如下：

一是2013年清明活动定在4月7日。张文忠主任解释，清明节虽然是在农历二月，按旧例，祭祀活动应该放在清明前，如果清明是在农历三月，活动才放在清明节后。这次是因为省里要安排活动，所以才放在4月7日。

二是南北两房的社团至少每家十个。

三是来的船只数量。南六房陈阿金拍板，初定二十只；北六房孙根荣在来的社团香头中统计了一下，初步定为三十只。

（5）串会

会议结束后，完成祭拜的，近点的就直接回去了。大部分外省来的，各自将自己带来的香烛等供品带到庙里，再次仔细地在前殿和后殿中的各处一一祭拜。

中午，在会议室里，民主村的香头已拿来了两个保温桶装的菜汤圆子。老顾安排了大家先吃。在大雄宝殿东侧的塔处，有四个妇女为前来烧香的人施着菜圆子，四大锅的青菜圆子很是诱人。

这天上午，据售票处估算，来烧香开印的人数近两千。

后记

《江南网船会》是"浙江省非物质文化遗产代表作丛书"之一。

江南网船会是嘉兴本地乃至江浙沪渔民、船民和农民的一次盛大的聚会,同时也是一次民间文化的大展演,其中蕴含了诸多民间文化要素,包括大量传说故事、祭祀仪式、民间音乐唱词以及各类民族民间文艺表演,异彩纷呈,令人惊叹。在喧嚣与热闹之中,表达了民众对幸福的渴求,蕴含着他们圆融贯通的生活智慧和朴素热烈的情感。

网船会历史、地理空间绵长而宽广,加之缺乏历史记载,材料的搜集和整理是本书写作过程中的一大难点。幸得嘉兴市、王江泾镇文化部门各位领导与同仁的鼎力相助,嘉兴一带船民、渔民的积极配合,以及顾希佳老师的指导,本书得以最终成稿,在此一并表示最诚挚的感谢。

由于水平有限,书中若有不当之处,希望各位民间文化专家学者、广大读者批评指正。

编著者

责任编辑：方　妍

装帧设计：薛　蔚

责任校对：王　莉

责任印制：朱圣学

装帧顾问：张　望

图书在版编目（ＣＩＰ）数据

江南网船会 / 袁瑾，陈宏伟编著. -- 杭州：浙江
摄影出版社，2015.12（2023.1重印）
（浙江省非物质文化遗产代表作丛书 / 金兴盛主编）
ISBN 978-7-5514-1170-7

Ⅰ.①江… Ⅱ.①袁… ②陈… Ⅲ.①庙会—概况—
浙江省 Ⅳ.①K892.1

中国版本图书馆CIP数据核字（2015）第286458号

江南网船会

袁　瑾　陈宏伟　编著

全国百佳图书出版单位
浙江摄影出版社出版发行
　　　　地址：杭州市体育场路347号
　　　　邮编：310006
　　　　网址：www.photo.zjcb.com
制版：浙江新华图文制作有限公司
印刷：廊坊市印艺阁数字科技有限公司
开本：960mm×1270mm　1/32
印张：5.75
2015年12月第1版　　2023年1月第2次印刷
ISBN 978-7-5514-1170-7
定价：46.00元